ANGEL

How to Invest in Technology Startups—
Timeless Advice from an Angel Investor
Who Turned \$100,000 into \$100,000,000

エンジェル投資家

ジェイソン・カラカニス
滑川海彦・高橋信夫 訳
孫泰蔵 日本語版序文

日経BP社

警告！

エンジェル投資は
もっともリスクの高いビジネスだ。
投資が損失になった場合に
対処できない事情があるなら、
本書を読むべきではない。

献辞

私を育て、守り、励ましてくれた母キャシー、祖母アン、
そして妻ジェイド、３人の娘、ロンドン、ジョハンナ、カテリーナに捧げる。
そしてすばらしき友、デイブ・ゴールドバーグの思い出に。
彼は文字どおり男の中の男であり、エンジェルだった。
ゴールディー、きみがいなくなって寂しい。

目次

日本語版序文

孫　泰蔵

本書は、シリコンバレーで展開される「エンジェル投資ゲーム」——ゲーム化することで効率を最大限に上げることに成功したシリコンバレーのエコノミーモデル——を詳細に記した比類なき本だ。著者であるジェイソン・カラカニスは、エンジェル投資ゲームをハックして勝ち残ったトップゲーマーのひとりであり、彼にはこれを書く資格が十分にある。真摯で、身も蓋もないゲーム攻略法であるが、よくぞここまで書ききったと称賛したい。

僕もシリコンバレーのこの世界に半身程度は身をおいていたので、カラカニスが書いているシリコンバレーの投資家のマインドセットや投資の手法については、そのとおりだと同意するところが多い。本書に登場する固有名詞の多くの人々に実際にお会いしたことがあるが、シリコンバレーの外の場所には絶対に出ていかないといった考え方など、典型的なシリコンバレー投資家の頭の中まで理解できる点は貴重である。

本書はエンジェル投資家を目指す人向けに書かれているものの、実は起業家にすごく役立つだろう。起業家は自分のつくりたい世界を社会に実装するために、常に資金調達をし続けなければならない運命にある。投資家がどのようなマインドセットで、どのようなことに興味を持ち、嗜好し、どのようなことに興味を持たず、嫌悪するか、を理解していることは、資金調達をする際に非常に大事である。

もっとも、読者がエンジェル投資家にすぐになれるか、成功できるかというと、そうとは言えないかもしれない。理由はふたつある。ひとつは、日本にはシリコンバレーと同じようなエコシステム（エコノミーモデル）がないから。現在の日本では、シリコンバレーのように創業者、アクセラレーター、エンジェル投資家、ベンチャーキャピタルなどがそれぞれの役割を完全に分けて投資をするというモデルが、ハッキリとは確立されていない。そこで本書の手法を使っても、メジャーリーグの選手のスカウト方法を日本のプロ野球で高校球界に応用するようなもので、そのままでは機能しないだろう。

ふたつ目は、本書で解説されている方法は、ジェイソン・カラカニスや、シリコンバレーでもっとも有名なエンジェル投資家であるロン・コンウェイのような特殊な投資家にしかできないやり方であるから。カラカニスはメタ認識に優れた分析的な性格を持ち、エンジェル投資のシンジケート（投資組合）のインサイダーであり、シリコンバレーというロックスター的なスタートアップが次々と現れる場所で切磋琢磨してきたからこそ、あのような能力を持てるようになった。この圧倒的な経験を日本の読者がすぐに身につけられるとは思えない。

さらに言えば、日本が目指すべきなのは、本書で解説されているシリコンバレーの投資ゲームに追いつこう、追い越そうということではないと僕は考えている。それに、本書のような本が刊行されるということは、ある意味シリコンバレー型のベンチャーファイナンスの「終わりの始まり」が訪れたことの象徴ではないだろうか。

今世界では、「金融の民主化・大衆化」が始まっている。クラウドファンディングがどんどん進化しており、ICO（initial coin offering）などの資金調達手法も生まれてきた。また、ベンチャーファイナンスのデータ化が進んでおり、AIが投資アドバイザーとして機能するようになると、誰でもカラカニスよりもたくみに、抜け目なく、ハイリスク・ハイリターンな投資ができるようになるだろう。そして、クリプトカレンシー（暗号通貨）をはじめとするトークン・エコノミーの発達は、資本主義のあり方、特にシリコンバレーのエコノミーモデルを陳腐化させてしまうのではないかと僕は感じている。

今起こっている情報革命は、「民主化と大衆化」こそが通奏低音であり、先進国のあらゆる分野で特権がなくなっていく（誰でもやろうと思えばできるようになる）ことが必定だと思う。日本が目指すべきは、こうした新しい潮流を取り入れた日本ならではの考え方で、一気にリープフロッグ（一足飛びに飛び越えて先に行く）することではないだろうか。

カラカニスの情熱・技術・倫理はこれから必要な基本姿勢

しかしそれでも、この本は読む価値がまちがいなくある。いや、読んでおくべきだ。

まず、今現在の世界のイノベーティブなスタートアップの源泉であるシリコンバレーのエコシステムのアーリーステージにおける資本のダイナミクスを知るには、格好の読み物である。さらに重要なのは、本書には普遍的な真理が散りばめられているということだ。そのいくつかを紹介したい。

エンジェル投資家は世界をより良くする伝道師であること——「創業者やイノベーターは決して金儲けのための傭兵ではない。むしろ未来を広める伝道師だ。もちろんその変化の過程で私はそれなりの利益を上げようと計画している。もっとも同時に、過去を振り返ってみて、世界をより良い場所にすることに貢献できたと誇りをもって言い切れるような行動に努めたい」

エンジェル投資家は創業者に大きくものを考えてもらうための盾になること——「エンジェル投資家として第一の仕事は、揚げ足取り、後ろ向きの批評家、言い訳屋、要するに考えのスケールが小さい人間の言うことに起業家が耳を貸さないよう盾になることだ。小さく考えていれば人間が小さくなる。私はスタートアップの創業者には小さい成功を狙わず、ビッグな目標を追ってもらいたいと常に考えている」

**エンジェル投資とは、プロダクトやビジネスモデルに投資するのではなく人に投資す

るということ――「私はどのプロダクトが成功しそうか推測するのは諦めた。その代わりに、私が持つ限りのジェダイのフォースを創業者を理解することに振り向けた。10億ドルの会社を選ぶのではない。10億ドルの創業者を選ぶのだ」

エンジェル投資家は自分の使命を熟知し、苦しいときに逃げ出さない創業者を支援し続けること――この創業者はなぜこのビジネスを選んだのか？　この創業者はどこまで本気なのか？　見つけ出すべきなのは、この創業者が苦しいときに逃げ出すかどうかだ。もうひとつの大きな危険信号は、資金を調達するまで働かない創業者だ」

エンジェル投資家は常に脱学習（unlearn）し続けなければならないこと――「くまなく見えているつもりでも視野には盲点がある。だからエンジェル投資家として成功しようとするなら、これまでに学んだことをいったん忘れる必要がある」

カラカニスは本書の中で、「思がけないことが起きて壊滅的影響を与えるという『ブラックスワン』現象がわれわれの行く手に待ち受けている。そういうことが起きたときに、単に生き延びるだけではなく、むしろそれをチャンスとして活用する方法を伝授しよう」と記している。この姿勢は、複雑系の世界のなか、不確実性の時代を生きていく僕らに必要な基本姿勢であることは、僕も完全に同意し、共感するところだ。

カラカニスの「エンジェル投資家道」ともいうべき投資への情熱、投資技術、投資倫理は、来たるべきクラウドファンディング時代の人々の基本的な姿勢と知識として、広く消化・吸収されるべきものだろう。

第1章

誰もこういう本を書かなかったので私が書くことにした

この本の目的はたったひとつ、現代の世界で大金を稼ぐ方法を伝授することだ。

ここには自己啓発本によくあるような秘密のシステムなどはない。そんなものをあてしているならムダなことだ。

私はブルックリンという場末（今はたいへん洒落た町になっているが）で生まれ、学校ではCマイナスばかり取っていた劣等生だったが、苦心惨憺《さんたん》してテクノロジーの世界に入り込み、7回（かそれ以上）の幸運に恵まれて何千万ドルも稼ぐことができた。

多くの人々が私は運に恵まれたという。一部の人間は、私は完璧なイカサマ野郎だという。何人かは私がバズワードをつくり出す才能があるという。私は全員に賛成だ。たしかに少しずつ、そのすべてであるのだろう。

だからこそ、この本は今までに書かれた中でも最高のビジネス書なのだ！

もちろんそういう本を書くべきだった人はいくらもいるだろう。しかし私が書いてしまったのだからしょうがない。私はテクノロジー界のアウトサイダーだったが、なんとか潜り込むことに成功した。そこで私はここでうまくやっていく方法の裏表をよく知っている。その点、こういう本を書くには適任だ。

実はここまでやってこられたことに私自身が信じられない思いを抱いている。私はブルックリンのバーの経営者と看護師の間の息子で、父親が破産して家族が何もかも失うのを見てきた。映画に出てくるような制服を着てショットガンを手にした執行官が押し入ってきて父親からバーを取り上げた。私は自分が何者かであると証明したくてブルックリンから橋を渡ってマンハッタンに移り、結局、西海岸で大金を稼ぐことに成功した。

アメリカン・ドリーム

アメリカン・ドリームは存在する。ただし広く均等にはばらまかれてはいない。

私の両親、祖父母の世代は工場労働者であれホワイトカラーであれ、何かの職についたらそれをずっと続けてきた。それが20世紀の働き方だった。しかし今や眠りもせず疲れもせず指数関数的に学習する能力を備え始めたロボットが、職を奪い始めている。一方でわれわれ人間は身体能力も感情も昔のままでこの変化についていこうと苦闘している。

おそらく多くの人間がひどい目に遭うことになるだろう。

しかし本書の読者は違う。この本を手に取ったからには何かを真剣に学ぶ意欲があるのだ。そうであれば私は読者が成功する確率を劇的に高める方法を教えることができる。

世界はますます少数の人間に支配される傾向にある。力があって頭が切れる連中、つまりロボットを設計したりソフトウェアを書いたり、この本をタブレットで読んでいるなら、そのタブレットをつくれるような人間だ。しかしだからといって、諦めて読むのをやめないでもらいたい。１００年前からのエリートたち――イルミナティだかフリーメーソンだか富豪クラブだか知らないが――そういう連中の座るテーブルに無一物から出発して割り込んでいく方法を私は知っているからだ。

読者は以前にも成功を約束するビジネス書を買ったことがあるかもしれない。なるほど私も本書で、あるビジネスシステムを紹介する。しかし、類書と私の本の間には大きな違いがある。私のシステムは前向きで将来を見ている。

ほかの本は（もちろんその中に優れた本も多いが）自分が不動産でかくも成功した原因は取引のコツをマスターしたからだとか、たまたま好都合な人脈をつくった（不都合な友達を切り捨てた）からだとか説明する。しかしこういう話はいわば歴史書も同然で、過去の出来事を扱っている。

世界はこの10年で途方もなく変化した。その変化は先立つ１００年に起きた変化より大きい。

これは別にカンファレンスの基調講演の気の利いた締めくくりではない。疑う余地のない事実なのだ。

第1章 誰もこういう本を書かなかったので私が書くことにした

われわれはインターネット、モバイル・ネットワーク、ロボティクス、センサー・テクノロジー、バイオテクノロジーの分野で肝を潰すような変化を目の当たりにしている。この変化は社会生活全体に影響を与えるだけでなく、影響を受ける分野にいる人々の働き方も大きく変えつつある。そして影響を受ける分野は日々増えつつある。

私はテクノロジーのブレークスルーの長いリストを挙げて、いかに物事の変化が速いか証拠立てることもできる。もっとも、その点は時間が自ずと明らかにするだろう。ここではコンピューターがチェスのチャンピオンを破ったこと、現在もっともポピュラーなオンライン百科事典であるウィキペディアはすべてボランティアによって書かれていること、コンピューターが飛行機や自動車を自動操縦できること、戦場にロボットが登場しつつあること、といった例を挙げておくだけにする。テクノロジーの進歩があまりに速いのでサイエンス・フィクションは苦労している。あっという間にフィクションでなくなってしまうからだ。

私がなぜこういうことを知っているかといえば、最近参加した数多くの大型投資を通じて、トップクラスの投資家たちが教えてくれるからだ。私はテクノロジーとビジネスが交差する最前線に生きている。

誰も実現性を信じなかったプロジェクトに対して小切手を書くのがエンジェル投資家としての私の仕事だ。これ以上スリルあるギャンブルは世界中探しても存在しないだろう。

私は毎週10人以上の夢想家と話をする。彼らは突拍子もないアイデアを持ってやってきて、私のキャッシュ、アドバイス、人脈へのアクセスを求める。もちろん第一の狙いは私のキャッシュだ。

　こうしたスタートアップでは私が「最初のマネー」、つまり最初の投資家となることがよくある。世間の誰もが「ノー」と言ったにもかかわらず、私はライドシェアリングのウーバーやプロフェッショナル・サービスのマーケットプレイス、サムタックの最初の投資家のひとりとなった。当時こうした会社は数百万ドルの価値しかなかった。

　今年は75万ドルをカフェXに投資した。このスタートアップは簡単にいえばロボット・カフェだ。スターバックスのビジネスモデルで最大のコスト要因は不動産賃貸と人件費だ。

　カフェXの創業者は最初、香港の大学でプロトタイプが作動している様子を映したビデオをメールで送ってきた。私は「これは何かのジョークかい？」と返信した。

　創業者たちは「ノー、大真面目です」と答えた。そこで私は彼らをアメリカに招き、私のスタートアップ・インキュベーター・プログラムに入れて3カ月間しごき、製品を改良させ、売り込みのやり方を教えた。次にカフェXを金持ちの有力な友人たちに紹介した。彼らの多くは自己陶酔的かつ常習的ギャンブラーだ。彼らはカフェXに数百万ドルを投資することになった。

　カフェXが成功すれば、本格的なコーヒーの値段を2ドルに下げられる。コンピューターは顧客の好みを決して忘れず、コーヒー豆の種類も泡の量も前回の注文とぴったり同じにして完璧なコーヒーをいれてくれる。待ち時間はこれまでの5分以上から30秒以下に短縮される。カフェXのコーヒーマシンはスマートフォンを通じて顧客の位置を把握しているので到着まで1分半の時点でコーヒーを用意する。

スターバックスは今やどの通りでも見かけるようになったが、カフェXマシンは通り沿いの全ビルのロビーに設置できる。営業時間も1日14時間ではなく24時間になるだろう。

カフェXのようなイノベーションは同時に何百万という職を過去のものにしてしまう。好みどおりに泡立てたコーヒーがボタンを押すだけでサービスされるようになれば、人間がカウンターの後ろに立って面倒な指定に従って注文どおりの朝のコーヒーをいれて給料をもらうというのは過去のエピソードになる。

未来予測とそれによって金を稼ぐ方法

私のことを口のうまい儲け主義の自由市場タダ乗りの化物野郎と思っているなら——半分だけ正しい。私は、われわれの子どもたちはもっといい世界に住むべきだと考えている人道主義者でもある。

給料が低くて繰り返しばかりの肉体労働を排除していけば、人類はもっと有意義なことに時間を使う職を増やせる。再生可能エネルギーとかほかの惑星への植民とかだ。また世界の各地にまだ残っている独裁者を引退に追い込み、人殺しやレイプ、弱い者いじめなどの悪行を止めさせることに時間を使えるだろう。

こうした見通しは楽観的にすぎるかもれない。

われわれが不愉快な職を一掃すればしたで「ウォールストリートを占拠せよ」のデモのグローバル版のような事態を招くかもしれない。頭はいいが組織されていないヒッピーや若者のグループがウォールストリートに集まり、足を踏み鳴らして「もうたくさんだ！われわれは物事が変わるまでここを動かない！」と怒鳴っていたものだ。ところが今はもう、ほとんど忘れられてしまった。

「物事が変わる」というのはどういう意味だろう？　景気が回復し、職が保証され、食事が無料になって、いつでもウーバーのドライバーが行きたいところへ連れていってくれるようになる、ということだろう。そうなればインターネットも別に悪いものではない、世の中も捨てたものではない。マイケル・ブルームバーグのタウンハウスやゴールドマン・サックスの本社前に座り込むのはばかばかしい話だと気づくだろう。

エジプトやギリシャやその他若年層の失業率が20パーセントを超える地域で起きたような街頭行動を伴う全面的な革命なしに、大きな変革をなし遂げられる確率は70パーセントあるというのが私の計算だ。

しかし私がこうした将来の可能性に賭けるのは、職を失う人々のことを象牙の塔に立てこもって他人事《ひとごと》として笑いたいからではない。私がこの将来に賭けるのはそれが不可避であり、そうした変化を加速させようとするスタートアップの創業者やイノベーターたちを手助けすべきだと考えるからだ。**創業者やイノベーターは決して金儲けのための傭兵ではない。むしろ未来を広める伝道師だ。**

もちろんその変化の過程で私はそれなりの利益を上げようと計画している。もっとも同時に、過去を振り返ってみて、世界をより良い場所にすることに貢献できたと誇りをもって言い切れるような行動に努めたい。

『マトリックス』から脱出する

ここまで読んできたのなら、おめでとう！　読者はいわば映画『マトリックス』に出てくる真実を知る赤い薬を飲み、世の中の真のありさまを理解する方向に一歩踏み出したわけだ。その真実というのは、読者が生きている間に世界は一度ならず、数回にわたって根本的にひっくり返される運命にあるということだ。

われわれが馴染んできた職が消失するというアポカリプスが間違いなくやって来る。カフェXのロボットがコーヒーをいれる職を不要にするのと同じことだ。消える職の中にはわれわれがうらやましいキャリアと考えるようなホワイトカラーの職の大部分が含まれるだろう。弁護士、医師、教師、会計士、パイロット、ジャーナリスト、おお、それにソフトウェア・エンジニアも忘れてはならない——こうした職は根本的に変革される。

もちろん現在の状況ではソフトウェア・エンジニアは消える可能性がいちばん低い職だ。そうではあってても私は最近ソフトウェア・エンジニアを不要にするテクノロジーに投資した。このブラックボックスは「X、Y、Zという機能を持ったアプリをつくってくれ」と命じるとそれをつくってくれる。「これこれ（ここに現在非常に使いづらいサービスの名前を入れる）についてウーバーみたいなアプリをつくってくれ」と命じればよい。

ここまで読んでパニックの発作を起こさなかったのならたいへん結構。それなら今私が考えている次のプロダクトについて説明しよう。これは人間の行動を観察、学習してほかのロボットをつくれるような人工知能ロボットだ。

私はまだそういうロボットを発見していないが、この本を書き終わる頃までには何か見つけるつもりだ。自分の尾を飲み込んで最後に消えてしまう蛇の話がある。人間もそういうことをする可能性がある。

ちなみに、大金持ちの中にはワイオミング、ニュージーランドの僻地や離島に広大な地所を買い、今の世界の終わりに備えている人々がいる。太陽光発電から自家用水道まで備え、一切を敷地内で自給自足できる要塞をつくっている。いわゆる「プレッパーズ（世界の滅亡に備える人々）」だ。プレッパーズは田舎の労働者階級だけでなくビリオネアにもいる。

思いがけないことが起きて壊滅的影響を与えるという「ブラックスワン」現象がわれわれの行く手に待ち受けている。そういうことが起きたときに、単に生き延びるだけではなく、むしろそれをチャンスとして活用する方法を伝授しようというのがこの本のテーマだ。

第2章

ブルックリンのガリ勉少年

——エンジェル投資はギャンブルか？

テクノロジー業界では、エンジェル投資は一か八かのギャンブルなのかそれともきちんとした投資の一種なのかという議論が続いている。どちらになるかは、実はエンジェル投資家のアプローチによる。毎年私は40件の投資——要するにギャンブルをしている。トータルで計算してみて、投資した以上のリターンを得るのが目的だ。

私はエンジェル投資家になってから6年間に1000万ドル弱の投資をしてきた。これによって築いたポートフォリオ（運用資産）の総額は1億5000万ドルになっている。つまり投資に対するリターンは15倍ということになる。

これはブルックリン出身の貧しい少年にとっては大した成功だ。私の両親は、少なくとも一生の時間の90パーセント以上、金の苦労を続けてきた。

それよりさらに驚くべきことは、私のエンジェル投資の大部分（実は1000万ドルのうち900万ドル）はこの3年間に行われたものだという点だ。

もう少し詳しく説明すると、私はエンジェル投資家になった最初の年に10万ドルを投資し、5件の投資に対して2件の大当たりを引いた。それがウーバーとサムタックだ。

私の最初の2年間、投資に対する利益率は1万5000倍だった！

こうしたスタートアップがビジネスとしてどういう地位を得るかはっきりするには、10年はかかる。私がエンジェル投資家の殿堂（誰かがそんなものをつくったとして）に収まれるかどうか、今のところ誰にもわからない。しかし、これまでに最高の成績を残したエンジェル投資家10人のうちのひとりに入ることはほぼ間違いない。

私はいわばプロのギャンブラーとしてナンバーズ・クジを買って生計を立てている。もっとも、そのあたりの有象無象と違って、当たりが1パーセントの確率で出る最高に有利なクジを買える。どういうことかというと、たとえば普通のナンバーズくじでは7個の数字を正しく当てねばならない。これは100万分の1の確率だ。一方私は、2個の数字を当てるだけでよい。

本書で説明したいのは、どうやったらそんなことができるのか、私はどうやってシステムを出し抜く方法を発見したのかということだ。ルーレットでいえば、台に細工して自分の賭けた目にボールが落ちる確率を10倍にすることに相当する。

ポーカーなら配られた手札にいつもスペードのエースがある状態から始めるようなものだ。通常なら勝てる確率は220分の1だが、これだと17回に1回勝てる。

もうお気づきと思うが、私はこういう成功を収めることができて大いに興奮している。ナルシスト、自己満足的なろくでなし、のように聞こえるなら申し訳ない。それでも私がこのギャンブルに勝つ方法を見つけ出したのは事実だ。実はかなり前から「本を書け」と勧められてきたが、その都度私は著作権エージェントに「もう1回勝ってからだ」と答えてきた。

セコイア・キャピタルの「スカウト・プログラム」

世界を変えたタクシー会社、ウーバーに投資したのがこの「もう1勝」となった。ウォール・ストリート・ジャーナル紙（WSJ）がトップ記事でウーバーへの投資における私の役割を特集したことがある。WSJは私を「セコイア・キャピタルのスカウト*」と呼んで詳しく説明した。セコイアは世界でもっとも有名なベンチャーキャピタルだ。

アップル、グーグル、シスコ、（アメリカ）ヤフー、ユーチューブ、エアビーアンドビー、ワッツアップ、その他数多くの優秀企業を支援してきたセコイア・キャピタルが

「スカウト」というエンジェル投資プログラムをスタートさせた。そして私が最初の「スカウト」に選ばれた。

スカウト・プログラムの仕組みは簡単で、要するにセコイアが資金を出し、20人のスカウトが投資すべきスタートアップを決める。スカウトは全員がテクノロジー企業の創業者で、これぞと思うテクノロジー・スタートアップを探す。

利益が出た場合、45パーセントをスカウトが、50パーセントをセコイアが取る。残りの5パーセントはプールされ、優秀な成績をあげたスカウトへのボーナスとなる。

この仕組みはわれわれスカウトにとって画期的だった。というのはセコイアのような有力ベンチャーキャピタルはファンド（セコイアが集めてきた他人の金）を投資する場合、20パーセントから30パーセントの利益を目標としていたからだ。

そこで私の勘はこう告げた。セコイアがスカウトに利益の45パーセントも約束するというのは、分配率など実はあまり気に止めていないということだ。われわれは投資の専門家ではなく、ホームランを打つ、まして満塁ホームランを打つ可能性などゼロに近いと考えたに違いない。セコイアにとってスカウト・プログラムは単に初期段階のスタートアップへの投資を重視し始めたことを市場に知らせる客寄せのようなものだったのだろう。

しかしブルックリン生まれの私はこのビジネスで、最高にクレバーな連中からお墨付き

訳注＊ スカウトはプロ野球のスカウトと同じような役割。原義は偵察員、斥候。

をもらえることになった。私の仕事は「次のビッグウェーブ」を探し当てることだった。これはまるでニューヨーク・ヤンキースのオーナーを長年務めたジョージ・スタインブレナーに呼び出されて「ヤンキースが次のワールドシリーズで勝てるように手伝ってくれないか？」と言われたようなものだ。

おお。なんと！

「答えはもちろんイエスです！」

昔からそういう夢を見ていた

父親が大富豪だったら、と子どもの頃に私は夢見た。ハーバード大学出の銀行家か投資家で財産は安全な信託基金になっているはずだ。ところがうちの父親は、刑務所行きだけはようよう免れた破産者だった。

学費は自分で稼ぐ必要がなくマンハッタンには親が買ってくれたアパートメントがあるはずだった。感謝祭のディナーの席で両親に15分ばかり計画をぶつだけでビジネスを始める資金を10万ドルばかり投資させることができる。そういう金持ちグループの一員だったら世界はどんなふうに見えるだろう、と私はよく空想したものだ。

もっとも、私にはそういった特権はなにひとつなく、はらわたが煮えくり返った。

そういうことをよく考えたのは、フォーダム大学から家に戻るために夜の10時にリンカーンセンター駅で快速の地下鉄に乗ったときだった。その頃私が住んでいたのはマンハッタン島の北の外れ、テンス・アベニューの月３００ドルの屋根裏部屋だった。その部屋ではまっすぐに立てる部分は部屋の入り口だけ、面積の2割くらいしかなかった。私は「金持ちになるってどんな気分のものだろう?」と考えたものだ。

銀行のＡＴＭで金をおろしたときの明細書に百何十ドルではなく、何十万ドルと書いてあったら?

毎日金の心配をせずに暮らせるってどんなものだろう? 大学時代は本当に貧乏だった。大学に通うために家を出てもポケットには地下鉄のトークン2個と2ドル入っているきりというのが普通だった。この金で最大限のカロリーを摂取するには、セントラルパークのホットドッグ屋台が最適だった。クニッシュ（ユダヤ風マッシュポテトパイ）の値段がたった50セントだったからだ。よそでは75セントが普通だった。

50セントのベーグルが朝食用で、クニッシュ2個がランチ、3個目のクニッシュを帰りに食べた。ときおり愚かしくもクニッシュの代わりにコカ・コーラを買ってしまうことがあったが、これは授業中に居眠りしないためだった。

自分がいくら金がなくても、マンハッタンには金持ちが山ほどいる。そこで私は「この連中はどうやって金持ちになれたのだろう?」といぶかった。

「学んだことをほかの者に伝えるのだ」
――ヨーダ（スター・ウォーズ）

私は資産を形成するのにベストの方法を長年研究した。ほとんどあらゆるシステムを調べた結果、エンジェルとしてテクノロジー・スタートアップに投資するのがもっとも効率のいい方法だという結論に達した。本書では、これまでに学んだことをすべてお伝えするつもりだ。読者の中で実際にエンジェル投資をするようになるのは、もしかすると100人か200人という少ない人数かもしれない。そうであっても、これは社会に良い影響を与えるだろう。それにもしかするとわれわれは共同事業ができるかもしれない（これについては第11章で詳しく説明する）。

この本の読者の中から、たとえひとりでも世界を変えるようなアイデアを考えつき、実行に移す創業者が出るなら、この本を書いた甲斐があったというものだ。

もし2万5000人がエンジェル投資家になるなら世界は一変するだろう。世界には何兆ドルもの資産が債権、株式、キャッシュ、不動産といった形で存在する。こういった資産は実際のところ「死に金」だ。一見安全そうだが、ほとんど価値を増やすことはない。何のリスクも取らないのであれば世界に何の影響も与えない。

こういう金を次のテスラ、次のグーグル、次のウーバー、次のスペースX（それに私のポートフォリオのカフェX）に投資すれば、ずっと面白いことになるだろう。

この文章を書いている時点で私は45歳だが、あと5年はエンジェル投資を続けていくつもりだ（私はだいたい10年計画で動いてきた）。あと200件のギャンブル、つまりエンジェル投資をしたい。それで終わりにする。次は読者の番だ。

エンジェル投資家としての10年計画を予定どおりに完了すると、350チームのスタートアップに投資したことになるだろう。2500万ドルの投資に対して2億5000万ドルのリターンを得るのが目標だ。今のところ私は目標のちょうど半分を達成している。

ギャンブルがなければ未来もない

ギャンブル、といえばわれわれが住む西側社会ではあまりよい連想が働かない。しかし私がロサンゼルスでアジア系の老人たちを相手に夜通しポーカーをやるとき、「ノー・ギャンブル、ノー・フューチャー」という言葉をよく聞いた。負けた相手はチップの山を押し出して立ち上がり、そう言って首をもみながら強く頭を振るのだった（私自身、いつのまにかこういう動作をする癖を身につけていた）。

この言葉が実際にどういう意味なのかすぐにはわからなかった。しかし老人たちが何度も言うのを聞いているうちに、私も（ポーカーのテーブルであろうとなかろうと）この言葉を言うようになった。

ノー・ギャンブル、ノー・フューチャー。

この本で学んでほしいのは、エンジェル投資家というのはリスクを取る生き方だということだ。しかしその代わりに見返りも巨大だ。

もっともこれは無茶をやれということではない。その逆だ。私はエンジェル投資家として成功した人々を研究し、どうやったら彼らを出し抜けるか考え抜いた。

そこで得た「出し抜く方法」を以降の章でくまなく紹介しようと思う。読者がスマートに投資ができるよう、もっといえば、誰よりもスマートに投資ができるようになってもらいたいからだ。ポーカーで勝つ秘訣は投資で勝つ秘訣に通じるものがある。

ポーカーのテーブルに座ったとき、メンバーの中で誰がカモなのかわからなかったら、カモは自分だ。さっさとテーブルを変えたほうがいい。そしてほかのプレイヤーよりすぐれたプレイができるよう努力しなければならない。努力が結果をもたらすまでには時間がかかる。もっとも、やる価値のあることはすべてが時間と努力を必要とする。

それでも私は恵まれていた

ここまで書いてきたとおり、若い頃、私はまったくのアウトサイダーと感じていた。ブルックリン生まれのガリ勉でスタンフォード大学には行っていない。中産階級といってもその最下層に生まれた。が、実をいえば、平均的なアメリカ人よりはずっとインサイダーに近かった。ましてや途上国に生まれた恵まれない人々に比べればまったくのインサイダーだった。

正直に言おう。私はニューヨーク市で白人男性に生まれた。しかも私が成長したのはパーソナル・コンピューティングが爆発するタイミングにぴったり合っていた。私は13歳のときに1000ドルのコンピューターと（今となっては超低速だが）400ボーのモデムを持っていた。そこで学んだコンピューター技術のおかげでちゃんとした大学の夜学に通う学費を稼ぐことができた。もしそのパソコンがなかったら私は警察官になっていただろう（いや本当の話だ）。

同じくらい貧乏でもアメリカのどこかの田舎町に生まれ、IBM PCも持っていなかったら私よりはるかに不利だったはずだ。こうした点はまだまだ小さいもので、性差別、人種差別というはるかに困難で複雑な問題が世の中には存在する。私にはこの本でこうした問題を論じる力がない。

この本を書いたのは、アウトサイダーに金持ちのインサイダーと戦うときのハンディキャップを少しでも減らす方法を伝授したかったからだ。もっと大きな、社会のシステム全体に起因する不公平について解決方法を提示するのは残念ながら私の手に余る。

第3章

エンジェル投資とはそもそもどういうものか?

エンジェル投資の基本

エンジェル投資というのは立ち上げ最初期の非公開企業に投資し、投資した以上のリターン(利益)を得る。一般的かつ安全な投資に比べてはるかにリスクが高く、それだけ期待するリターンも大きい。

ほとんどの場合、エンジェル投資の期間は3年以内だ。投資相手の会社は実績が少ない、もしくはゼロだ。そしてプロダクト・マーケット・フィット(後述)のために切実に資金を必要としている。彼らが考え出したビジネスが完全にクレイジーでない場合、投資家にはこと欠かない。つまりエンジェル投資家の出る幕はない。実際、われわれが「エンジェル投資家」と呼ばれるのは、スタートアップの創業者のビジネスモデルを信じる者がひとりもおらず、絶体絶命となったとき天使よろしく窮地から救い出す役割から名付けられたのだ。

プロダクトの市場適合性とエグジット

プロダクト・マーケット・フィットというのは、スタートアップの創業者が考え出したコンセプト（ウーバーならライドシェアリング、インスタグラムならフィルターと呼ばれる写真加工機能）に対して、それを実際に使ってエンジョイするユーザーを見つけるプロセスを指す。大勢の人々があるプロダクトを使い、それを楽しんでいるなら、成功が保証されたわけではないとしても、そのビジネスには成功のチャンスが十分ある。創業者にとって次のハードルはスケールすることと収益化することだ。

創業者がプロダクトで金を生む方法を実際に見つけ出し、十分に大きなスケールに育てられた場合、次の2つのいずれかが起きる。つまりほかの企業に買収されるか、自ら上場するかだ。

この2つの場合をベンチャーキャピタリストはエグジット（出口）と呼んでいる。つまりベンチャーキャピタリストが投資したキャッシュはその会社の株式になっているわけだが、エグジットの瞬間に再びキャッシュ（あるいはその等価物）に戻り、リターン（利益）が確定するからだ。

企業に投資しているのがベンチャーキャピタリストではなく、一般の投資家である場合、企業が安定して利益を生むようになれば、株式の配当という形で継続的に利益を得ることになる。しかしエンジェル投資家を含めてベンチャーキャピタリストはこうした形になることを嫌う。われわれはエグジットを求める。その時点で損益を確定したいからだ。

もっともほとんどスタートアップは、最初の「プロダクトをマーケットにフィットさせる」という段階でつまずく。まして売上を飛躍的にアップさせるところまで行かない。しかしこれはやむを得ない。

ノー・リスク、ノー・リターン

マーケット・フィットがあり、健全なビジネスモデルがあり、すでに数百万のユーザーがいるような優良スタートアップに私がなぜ投資しないのか、読者もそろそろ気づいたと思う。つまりそんな条件を満たす会社だったら、すでに上場している！

将来の売上がかなり確実に予測できるようなら、市場からほぼ無限の資金を調達できる。

一方、実績ゼロでやっとチームを組んだばかりのスタートアップの場合、資金の出し手はリスクをいとわないクレイジーな人間――つまりエンジェル投資家だけだ。

ユーザーが増え、売上が立つにつれて企業価値の判定は容易になる。企業価値を計算する式はいくつもあり、それぞれ利用場面がある。しかし2人の若者がひとつのプロトタイプをつくっただけのチームの場合、企業価値がどれほどになるものかは誰にもわからない。

たとえば、1980年代のアップルやマイクロソフト、2000年代初頭のグーグルやフェイスブックを考えてみればよい。こうした企業はなにやら独自のプロダクトを少数のユーザーに使ってもらっているだけの小さな未公開企業だった。創業者以外には社員もろくにいなかった。こういう状態では投資リスクは非常に高く、会社評価は低い。

マイク・マークラが25万ドルを投じてアップル株式の3分の1を買い占め、社員3号に収まった話はあまりにも有名だ。サン・マイクロシステムズの共同創業者、アンディ・ベクトルシャイムはグーグルがまだ会社になる前に10万ドルを投資した。ペイパル・マフィアのボス、ピーター・ティールはフェイスブックの企業価値が500万ドルに過ぎなかったときに50万ドルを出資した。

これらの投資はクレイジーなリスクを伴う投資だったが、結局彼らは賭けに勝った。

「一度だけ正しければいいのだ」
──マーク・キューバン

私はウーバーの企業価値が500万ドルしかなかった時期に2万5000ドルを投資したことで有名になった。ウーバーは今や700億ドルの企業価値があると取りざたされている。私が投資したときにはウーバーは1都市でしか運営されておらず、契約車両といったらリンカーン・タウンカーが数台だった。

ウーバーがスケールできるものやら、まして利益を上げられるようになるものやら当時はまったくわからなかった。それでも、創業者に成功への強烈な意志があることを知っていたし、このサービスは私自身が大いに気に入っていた。私の見たところウーバーは人口の少なくとも10パーセント、すなわち、ハイヤー、タクシーなどの各種の自動車輸送サービスを日頃利用している人々（多くは大都市のビジネスパーソン）にとって絶好のプロダクトになると思えた。

私がウーバーに賭けるにはそれで十分だった。

私が主催するオープン・エンジェル・フォーラムは10人ほどの投資家がスタートアップの創業者6人から話を聞くイベントだ。その晩私はウーバーCEOのトラビス・カラニックをイベントに呼んでプレゼンを聞いた。3人が小切手を書いた。ジビティの創業者だったサイアン・バニスター、ファースト・ラウンド・キャピタル、それに私だった。

ほかに10人ほどのプロ投資家が居合わせたが、誰もウーバーに投資しなかった。おかげで今もって彼らに会うたびに、「あれは自分の投資キャリアで最大の失敗だった」という愚痴を聞くはめになっている。その夜はほかに5社がプレゼンをし、それらに投資した人々もいた。実のところその5社の名前を思い出せない。

ともあれ、われわれ3人にとってウーバーへの出資は、今後もほとんどあるまいと思われるほどの最高の投資となった。われわれはホームランを打っただけではない。超特大のホームラン、ホームランの中のホームランを打ったのだ。この賭けが当たっていなかったら、私は今この本を書いていない。

大金持ちになりたいならエンジェル投資家という道を考えるべきだ、と私が言うのはこの経験からきている。少しばかり恐怖を抑え、目をそばめて観察し、ビジネスで何が失敗の元になるかだけでなく、何が成功の元になるかにも注意すれば人生が一変するはずだ。

もちろん私の場合のように、投資額の５０００倍とか1万倍のリターンを得ることはめったにないだろう。しかし本書で紹介するような注意を守ってシリコンバレーで2年ほど懸命に働けば、投資額の50倍から１００倍のリターンを得ることはあり得る――というより可能性が十分ある。

その間、１００チームのスタートアップに投資して、投資額かつかつを取り戻すことができただけだったとしても、世界でももっとも創造的で高いモチベーションを持った人々と密接に協力しながら働くチャンスを得たわけだ。そうして築いた人的ネットワークはなにものにも代えがたい価値があるし、その間に驚くほど多くのことを学べるはずだ。

しかもこのエンジェル投資という宝くじの場合は、投資が100倍から1万倍になる可能性が十分あるのだ。もちろんたったひとつのスタートアップだけに賭けるというのはバカげている。しかしスタートアップ100社に賭けるならトータルの成功の可能性は、賭けないのがバカげていると言っていいほど高い確率となる。

「エンジェル投資」対「退屈な投資」

これまでもっとも確実な投資手段は社債、国債、金《きん》、ETF（上場投資信託）、ミューチュアルファンドなどだと考えられてきた。こうした投資はエンジェル投資に比べてはるかに厳しい規制を受けており、安全かつ結果が予測しやすい。

アメリカにおける株式投資は、平均して年に7パーセントの利益を上げてきた。この割合でリターンが得られるなら、10年で投資額を2倍に増やすことができる。

現在アメリカ政府が発行する利付債（財務省証券）の年利は過去最低で2・4パーセント前後だ。この率では投資額を2倍にするのに30年かかる。誰もが有利な投資先を探して血眼になっている。しかしリターンを得るのは投資先を探す資本がだぶつくにつれてますます難しくなっている。

エンジェル投資の成果を一覧できるようなグラフをお目にかけることができればいいの

だが、エンジェル投資というのはきわめて不透明な分野だ。その理由は不条理なほどの利益を上げた投資家がこの分野を不透明なままにしておきたいからだ。もし何百万ドルもの利益を上げるダイヤモンド鉱を発見したとしたら、その位置を宣伝するだろうか？

投資額を倍にするのに7年から10年かけてよいなら取引手数料が安いインデックス投信を探すのがおそらくいちばん合理的だ。実際、私が株主になっているウェルスフロントというスタートアップではソフトウェアによる自動的な売買処理によりわずか25ベーシス・ポイント（０・25パーセント）の手数料しか請求しない。これは証券会社の一般的なファンドにくらべてはるかに低い手数料だ（１ベーシスポイントは０・０１パーセント）。投資信託の構成にロボット・アドバイザーを使えば、年に何回かむやみに口の達者なマネー・マネジャーとランチ・ミーティングをしないですむかもしれない！

冗談はともかく、こういった伝統的投資では１０００倍はおろか１００倍のリターンでも決して得ることはできない。

繰り返す。エンジェル投資はハイリスクだがハイリターンだ。

おそらく世界でいちばんリスクの高い投資だろう。実際ラスベガスでギャンブルするよりも手強いリスクを相手にすることになる。ラスベガスでブラックジャックやルーレットをプレイする場合、カジノに対して約5パーセント不利になっている。

胴元の取り分が5パーセントというのはわずかな率に思えるかもしれないが、そうではない。カジノのテーブルに4、5時間座っていればわかる。チップの山が徐々に、しかし容赦なく減っていくのを見ることになる。カジノはこれをよく心得ており、プレイヤーを引き止めるためにさまざまなエンタテインメントを提供する。だから私はベガスのホテルで無料の部屋を提供されるような上客ではない。私は金を失くすほど長くプレイしないのだ。それに私がプレイするのはポーカーで、これはカジノにとっては赤字のタネだ。

ついでに説明しておけば、カジノに入ってルーレットで赤なり黒なりに賭けるとすれば、金を倍にする確率は50パーセントよりわずかに少ない。赤でも黒でもないグリーンのマス目があるからだ。ボールがここに落ちればカジノの取り分となる。

さて、われわれはインデックス投信のようなかなり確実な手段で投資額を倍にできることを見た。それならなぜ先の見えないスタートアップに投資するのか?

その理由は簡単だ。もし立ち上げられたばかりのスタートアップに最初の投資をして、そのスタートアップがユニコーン——10億ドル企業——になったら投資家は人生が一変するほどの大金をつかむことができるからだ。

エンジェル投資家が狙うシナリオ

ここで少し計算をしてみよう。アメリカには「適格投資家」という分類がある。これは連邦証券取引委員会の目から見て、スタートアップのようなハイリスクの投資をする資格があると認められた投資家という意味だ。

証券取引委員会によれば、適格投資家とは次のような人間だ。

■投資に先立つ2年間の年収が20万ドル以上（配偶者がある場合、合算して30万ドル以上）であり、今後もその年収が維持できると合理的に期待できる場合。

または、

■配偶者と合算あるいは単独で純資産が100万ドル以上ある場合（ただし主要な住居の価値を除く）

ということになっている。そこで次のセクションでは資産が250万ドルある適格投資家によるエンジェル投資の方法を考えてみる。資産が250万ドルよりずっと少なくても心配には及ばない。

後の章ではごく少額の資金でエンジェル投資を始める場合について検討する。ただしその場合でも、ここで紹介する典型的なエンジェル投資のレッスンは大部分適合する。

ともあれ、ここでは投資資金としてキャッシュで250万ドルが用意できるとしよう。この250万ドルを年率7パーセントのファンドに投資したとすると、10年ごとにほぼ2倍になると期待できる。

250万ドルの10パーセント、つまり25万ドルを一口5000ドル単位でエンジェル投資にあてるとすると50口、スタートアップ50社への投資が可能だ。この50件の投資先の1

社が企業価値100億ドルの企業に成長したとすると、5000ドルは500万ドルとなる。つまり1000倍のリターンだ。

エンジェル投資家がスタートアップの株式の0・1パーセントを購入したとすると、企業が上場あるいはほかの企業に買収されたとき、その企業価値の0・1パーセントをリターンとして得ることになる。

ただしここにひとつ落とし穴がある。スタートアップがさらに多額の資金を調達する過程でエンジェル投資家の株式は「希釈」される可能性がある。希釈を防ぐためにはエンジェル投資にあたって「プロラタ」と呼ばれる按分比例による追加投資条項を入れておく必要がある。

プロラタ条項は、将来のラウンドにおいて、エンジェル投資家が当初の持ち分に比例する額を追加投資する権利を保証する。一般的にいえばプロラタ条項を入れておくことは有利だ。しかし投資家が10億ドルクラスのユニコーンに出くわした場合は、巨額の追加資金が必要になる。

プロラタ条項を入れていない場合、エンジェル投資家の株式持ち分は50パーセント程度希釈される。つまり半減することになるのが普通だ。仮にスタートアップがユニコーンに大化けしたとしよう。当初5000ドルを投資して10BPS（ベーシス・ポイント）の持ち分を得ていた場合、50パーセント希釈されると5BPS（つまり0・05パーセント）となる。額にして250万ドルだ。

ユニコーン（われわれエンジェル投資家はつねにこの10億ドル企業の出現を狙っている）の研究はごく限られたものだが、毎年10ないし20社程度のユニコーンが登場する。またデカコーン（ユニコーンの10倍、100億ドル以上の企業）もこの10年間に10社ほど出現している。

デカコーンというのはウーバー、中国の小米《シャオミ》、滴滴出行《ディディチューシン》、エアビーアンドビーをはじめとして、パランター、スナップチャット、ウィーワーク、スペースX、ピンタレスト、ドロップボックスなどの企業だ。また10年に一度くらい、さらにその10倍の企業、つまり1000億ドルのスタートアップが生まれている。つまり、アップル、シスコ、マイクロソフト、グーグル、フェイスブックなどだ。

運悪くユニコーンには出くわすことなく、投資先の70パーセントが消滅した場合を考えてみる。私自身は幸運にも最初の50社の投資先のうち3社がユニコーンだった（実際最初の5社の投資のうち2社がユニコーンになった）。しかしここでは最悪のケースを考えてユニコーンはゼロだったとしよう。

50社の7割は35社だ。1口5000ドルの投資を考えているわけだから、5000ドルの35倍の投資を失うことになる。総額25万ドルの投資のうち17万5000ドルが煙のように消え失せてしまうという状況だ。ただしこの額は（居住用不動産を除く）純資産の7パーセントにすぎない。

人間は純資産の7パーセントくらいの減少には耐えられるはずだ。これは大した失敗ではない。つまり失敗ではあるもののホームランを狙って50回力いっぱいバットを振ったわけだ。

残りの15件の投資が利益をもたらしたら7パーセントの損失はそれだけ埋め合わされる。ここでありそうなシナリオを考えてみよう。5件の投資は損益がとんとんだとする。7件の投資は倍額になる。つまり2万5000ドルの投資に対して2万5000ドルが戻ってくる。これで損失額は14万ドル、投資可能資産の5・6パーセントに減った。

さて最後の3件の投資だが、テクノロジー・ビジネスの現状を考えれば次のような結果になることは大いにあり得る。

1件は5倍、つまり2万5000ドルが戻ってくる。

1件は10倍、つまり5000ドルの投資が5万ドルになる。

さらに1件の投資は20倍、10万ドルになる。

ロケット科学者でなくても簡単な足し算をするだけで、31万5000ドルが戻ってくることがわかる。つまり投資額に対して6万5000ドルのリターンを得たことになる。

われわれは資産が250万ドルあるとして、エンジェル投資を行った場合どういうことが起きるか考えているわけだ。要約すると最悪のケースで7パーセントの損失を覚悟する必要がある。しかしおそらく1パーセントから3パーセントの損失から、20パーセントの利益までが現実的に想定される範囲だ。

これは私にとって十分な損失対策だった。カジノではそうはいかない。どんなカジノが

「無制限に勝ってもいいが負けは7パーセントまで」などという好条件を出してくれるだろう？　どうしてそんなことが可能になるのか？

もちろん、大しくじりをすれば投資がゼロになることはある。なにしろ未公開企業にリスク最大の投資をするのだ。エンジェル投資家はときに投資した全額を失う可能性がある。それでは困るという読者にはこの本は役に立たない。

ではマイナス面は？

つまり非常に優れたスタートアップを50チーム見つける必要があるが、私が投資を決断するほど優れたチームは１００にひとつくらいだ。すると5年の間に５０００社を見ていかねばならない。つまり平均して1週間に20社ということになる。これだけで毎週20時間から30時間を食われることになる。

エンジェル投資を職業にしようとするならハードワークが欠かせない。

私はそのやり方を説明するつもりだ。

また第11章では創業者の見つけ方、契約の結び方について触れる。第17章では私が創業者にどんな資質を期待しているか書く。第18章では創業者と面談したとき、何を尋ねたら効果的かを述べる。

第4章

エンジェル投資に向いている人間とは？

資金、時間、ネットワーク、能力

優秀なエンジェル投資家となるためには、ある程度の資金、時間、ネットワーク、能力を必要とする。

ただしこれらを全部まんべんなく備えている必要はない。私はあるスタートアップ・インキュベーターのデモデーで一族の信託基金を運用する20代の若者を見たことがある。彼はそういう恵まれた立場に生まれついたという以外に特に経験もないまま、エンジェル投資の世界に飛び込んできた。にもかかわらず、小切手帳を取り出して数多くのスタートアップに気前よく投資していた。

そうかと思えば、時間も金もほとんどないが大量の知識と驚くべき人脈を持っている人物が巧みに行動して、投資アドバイザーとして重要な位置を占めるようになったのを見たこともある。実は私自身、いくらか資産を築く前は、スタートアップを育成する知識とそうして得た人脈で金を稼いでいた時期がある。この手で2回ほどまとまった金を得ることに成功した。1万6000ドルになったのは、あるソーシャルネットワークのスタートアップのアドバイザーになったときだ。このスタートアップは惜しくもアクイハイヤー（人材獲得が目的の企業買収）を逃した。クーポン事業のスタートアップの取締役になったときは15万ドルになった。

ほかにも、私は取締役会に顔を出し、何人か人を紹介し、創業者に取締役として名前を貸すだけで21万ドルを稼いだ。もちろんこういう稼ぎ方ができるには、業界でそれなりに名前が売れ、ビジネスの仕組みにも十分な知識が必要だ。

スタートアップの立ち上げを2、3年手伝った場合、10から50BPS（ベーシス・ポイント＝0・01パーセント）のアドバイザー料を得るのははるか以前から確立された業界の慣行だ。

こういうアドバイザーは自分ではまったく投資しないのに、「エンジェル投資家」と名乗ることがある。実際に投資するエンジェル投資家は、こうしたアドバイザーを皮肉って「エンジェル・ブローカー」などと呼ぶ。もっとも、創業者にとっては投資家よりこうしたアドバイザーのほうがずっと役立っている場面を私は何度も見てきた。だからアドバイザーが0・5パーセント程度のスタートアップ株式を得るとしても、決してタダで手に入れているわけではない。

アドバイザーの役割については後の章でさらに詳しく説明する。まずはエンジェル投資家に必要な資質を検討してみよう。

ワイルドカード

エンジェル投資家には4つの能力が必要だ。(1)小切手を書けること(金)、(2)創業者がさまざまな課題を解決するのを手助けできること(時間)、(3)創業者と投資家、顧客を仲立ちできること(人脈)、(4)創業者がミスを犯して時間や金をムダにするのを防げること(専門知識)という4項目だ。

エンジェル投資家として成功したいなら、欠かせない重要な能力がほかにもある。それは人付き合いの能力だ。エンジェル投資家はさまざまな性格の人々とコーヒーを飲みながら話し合いをしなければならない。中には優れたビジョンを持ち、ビジネスの能力もある賢明な創業者もいる。こういう起業家ももちろんリターンをもたらしてくれる。しかしリターンの大半を稼ぎ出すのは、独善的な妄想にひたるわがままで付き合いにくい起業家たちだ。

「自分はこれこれこうやって世界を変えていく。それなのに連中はそれをちっとも信用しない」といって起業家がそのアイデアを長時間まくし立てるのに我慢できないなら、読者はエンジェル投資家にまったく向いていない。

俳優やファッションモデルは常に注目を集めていないと破滅的な不安状態に陥りがちだ。こういう人々のエージェントはその不安を巧みになだめ、落ち着かせることができなくてはならない。エンジェル投資家も同様で、自分の独特のものの見方に合わせて世界を変えるのだと熱狂的に思い込んでいる人間と付き合っていかねばならない。

こういう起業家は「ビジョナリー」と呼ばれることもあるが、それはあくまでわれわれの毎日の生活になくてはならぬプロダクトの開発に成功し、大富豪になった後のことだ。こういう人々はそのままで目立つ。成功するまでは「頭がおかしい」とか、「ひどいナルシストだ」とか、もっと悪い言葉で呼ばれるのが普通だ。

誰かが私に起業家を紹介しようとして「ただ、あいつはちょっとワイルドカードでね」とためらうようだったら、私はすぐにその相手に会う。

なぜならエンジェル投資家が探しているのは、こういうワイルドカードだからだ。優れた創業者はほぼ全員が頑固で熱狂的なワイルドカードだ。つまり自分のビジョンを追うことに懸命で他人の感情などにはまったく注意を払わない人種だ。

第5章

優れたエンジェル投資家になるにはシリコンバレーにいる必要がある

イエス。

第 5 章 優れたエンジェル投資家になるには シリコンバレーにいる必要がある

第6章

シリコンバレーのどこがそれほど特別なのか？

シリコンバレーは宇宙の中心だ

この50年というものシリコンバレーは、テクノロジーはもちろんメディア、交通、広告、医療、宿泊すべてのビジネスを大きく変える原動力となってきた。マウンテンビューはグーグル、リンクトインと同義だ。パロアルトはフェイスブック、サンノゼにはイーベイ、ペイパル、シスコがある。クパチーノといえばアップルだ。それにサンフランシスコにはツイッター、ウーバー、エアビーアンドビーが本拠を構えている。

世界で時価総額トップ5の企業はすべてテクノロジー企業だ。アップル、グーグル、マイクロソフト、フェイスブック、アマゾンの5社だが、そのうちの3社はシリコンバレーにあり、互いに20キロも離れていない。ほかの2社はシアトル所在だ。

アメリカのベンチャーキャピタル総額の30パーセントはサンフランシスコとシリコンバレーを含むベイエリア一帯で投資されている。シリコンバレーへの投資額は、ボストン、ニューヨーク、ロサンゼルスにおける投資額を合計したもののさらに2倍だ。

その意味でベイエリアが「世界の中心」だということに議論の余地はない。世界と言うとき、私は「スタートアップの世界」ではなく文字どおり全世界を指している。運輸、交通を考えてみるといい。テスラの電気自動車、ウーバーのライドシェアリング、グーグルの自動運転車などすべてシリコンバレーで生まれたものだ。

宿泊ビジネスを考えれば、近年で最大の変革を起こしたのはエアビーアンドビーだ。政治の面でも選挙結果を動かしたのはワシントンのインサイダーでもなければ、伝統的な新聞でもなく、ツイッターとフェイスブックだった。

広告は? もっとも重要性が高く影響力の大きい広告の大半を握っているのはグーグルとフェイスブックだ。この両社はサイト訪問者の属性に応じて広告を表示するターゲティング広告、訪問者の行動を追跡して再度広告を表示するリターゲティング広告のような高度なテクノロジーで業界をリードしている。2000年以来収入の7割を失った紙の新聞は、もはやアメリカの広告業界をリードしてはいない。現在モバイル広告に費やされる金の50パーセントはグーグルとフェイスブックを経由する。将来の話ではなく現在の話だ。

こうしたことは一例にすぎない。

エンタテインメントでもロサンゼルスはもはや、もっとも重要な都市ではなくなった。

重要な企業といえばロスガトスというシリコンバレーの南の小さな町に本社を置くネットフリックスだ。ロスガトスは人口わずか3万人で少し前まであるものといえば果樹園くらいだった。ネットフリックスには8000万の契約者があって、毎年10億ドルをコンテンツ制作に費やしている。ネットフリックスはわずか3年で『ハウス・オブ・カード』や『オレンジ・イズ・ニュー・ブラック』など大手ケーブルネットワークのHBOの優れた番組をつくれるようになった。HBOがエミー賞狙いのオリジナル番組の制作を始めたのが90年代にさかのぼることを考えると、これは一層の驚きだ。

覚えているかどうかわからないが、10年前にネットフリックスはDVDを赤い封筒に入れて家庭に送りつける郵送レンタルビジネスの会社に過ぎなかった。

1に立地、2に立地、3にも立地

エンジェル投資家が目的にすべきはデカコーン（ユニコーンの10倍、つまり100億ドルの価値がある企業）あるいは10年に一度の大当たり（1000億ドル企業）を引き当てることだ。時価総額1000億ドルの大台を超えたテクノロジー企業は7社ある。アップル、グーグル、マイクロソフト、フェイスブック、アマゾン、オラクル、シスコだ。

100億ドル以上の企業はエアビーアンドビー、ウーバー、ネットフリックス、リンクトイン、ツイッター、ピンタレストほか何十社かある。こうしたデカコーンのうち少なくとも1社は1000億ドル企業に成長するはずだ。

つまりエンジェル投資家として成功したいなら、こうした会社を発見しなければならない。そのためには世界のイノベーションの中心であるシリコンバレーにいるのがいちばんいい。高校の演劇部でいちばん演技の才能があり、容姿もずばぬけている男女がスターになろうと思ったら、どこに行くだろうか？　ロサンゼルスだ。同じように大学でエンジニアリング専攻のトップの数人はサンフランシスコを含むシリコンバレーに向かう。

ここでスタートアップを創業すれば毎週何十人もの投資家にプレゼンし、それを半年続けてもまだいくらでも会うべき投資家がいる。これがロサンゼルスやニューヨークだったらトップクラスの投資家全員に会うのに数日もあればよい。

もちろんほかの大都市にも優れたエンジェル投資家は大勢いるが、シリコンバレーには1000人以上の優れたエンジエル投資家がいる。トップクラスを目指す起業家がここに集まるのなら、トップクラスを目指すエンジェル投資家もここにいる必要がある。

2位は負け

ニューヨーク、ロサンゼルス、シアトルその他の都市でエンジェル投資家を目指すこともできる。しかしその場合、考慮すべき重要な要素が2つある。

1 成功の基準を大きく引き下げる必要がある（つまりユニコーン、デカコーン、1000億ドル企業の誕生にいあわせるのは困難だ）。

2 どっちみち飛行機に乗ってシリコンバレーと往復することになる（月に10日はシリコンバレーにいる必要が生じるだろう）。

それならシリコンバレーに引っ越して、住みたい場所には休日に帰るようにしたほうが得策だと私は思う。エンジェル投資家はパートタイムでもできるだろうが、シリコンバレーというハブを抜きにしては非常に難しいことになる。

ニューヨークでさえ、スタートアップが10億ドル以上で現金化された例は少ない。2013年にタンブラーが10億ドルで（アメリカ）ヤフーに買収された。2015年にはエッツィが30億ドルで上場している。ダブルクリックは2008年に30億ドルでグーグルが買収した。せいぜいそんなところだ。

ロサンゼルスでもヒットの状況は似ている。メーカー・スタジオは5億ドルから9億5000万ドルでディズニーに買収された（2014年）。オキュラスVRはフェイスブックが20億ドルで買収（2014年）、リンダ・ドットコムは15億ドルでリンクトインが買収（2015年）し、ダラー・シェイブ・クラブはユニリーバが10億ドルで買収（2016年）した。ショップジラはスクリップスが5億2500万ドル（2005年）で、ロワー・マイビルズはエクスペリアンが3億3000万ドル（2005年）でそれぞれ買収している。公開企業のスナップチャットは、上場前の最後の資金調達で200億ドルの会社評価額を得ている。

つまりシリコンバレー以外の土地でエンジェル投資家がデカコーン、つまりユニコーンの10倍、100億ドルのスタートアップを見つけることは無理だろう。

高速車線に乗れ

私はポーカーのたとえ話をした。それを続ければ、シリコンバレーにいるのは配られた札に常にスペードのエースが入っているようなものだ。だからといって勝てるとは限らないが、勝ち目は大きく増える。私はベイエリアで間抜けな連中が簡単に大金をつかむのを見てきた。ところがニューヨークやロサンゼルスでは非常に優秀な人々がエンジェル投資家、ベンチャーキャピタリストとして成功できずに苦労している。

ダラー・シェイブ・クラブ、リンダ・ドットコム、あるいはタンブラーの最初のラウンドに参加できたら幸運だ。その時点で500万ドル程度のスタートアップが100倍から150倍で現金化されることになる。その後の増資で当初の持ち分が希釈されるとしても、かなりのリターンが期待できる。つまり2万5000ドルの投資が300万ドルになる。これはすごい。しかし1000倍とか5000倍になるというわけではない。もし目標が「10年に一度の1000億ドル企業」を引き当てることなら、そういう会社は（ほぼすべてが）シリコンバレー周辺から生まれている。

ちなみにヨーロッパはおしなべて社会主義的、官僚的で反起業家的だ。大きな例外はスウェーデンで、いくつもユニコーンを生んでいる。スポティファイ、キング（キャンディ・クラッシュ）、モージャン（マインクラフト）、スカイプ、サウンドクラウドなどだ。これらのスタートアップがユニコーンになれたのはデザインに注力したことが大きい。一部では冬になると夜が長く室内にこもってハードワークをこなしたからだという説も唱えられている。理由はともあれスウェーデンはスタートアップがホットな国だ。

中国、インド、日本もテクノロジー系スタートアップが盛んな地域だ。

ニューヨークやロサンゼルスのような場所でエンジェル投資家になった場合の唯一の取り柄は、周りからもてはやされることだろう。こういう街ではエンジェル投資家の数が非常に少ないので需要は大きい。もうひとつ、自分の生産性が非常に高いような気がして満足を得られるかもしれない。しかしそれは時間をかけて検討すべき案件がごく少ないからに過ぎない。仕事を早めに切り上げてテレビの前に座り込み、ＨＢＯのテレビドラマ『シリコンバレー』を見る時間も十分ある。ちなみにこのシリーズはスタートアップの生活をかなり正確に描写している。85パーセントくらい正しいに違いない。考えてみると恐ろしいことだ。

ネットワーク・エフェクト

「ネットワーク・エフェクト」というのは、「ネットワークの価値は参加するメンバーの数の2乗に比例して高まる」という法則を指す。あるネットワークのノード（メンバー）の数が10だったしよう。そこにもうひとりのメンバーが加わると、ネットワークの価値は10パーセントではなく21パーセントも増える（1・1の2乗）。これは非常に強力な効果がある。

われわれは常にネットワーク・エフェクトに囲まれている。シリコンバレーにおけるベンチャー投資ネットワークを考えてみよう。メンバーは資金の出し手（エンジェル投資家、インキュベーター、ベンチャーキャピタリストなどだ）、受け手（スタートアップ創業者）に加えて大学、法律事務所、ヘッドハンター、金融機関のような専門サービスの提供者たちだ。それにデベロッパー、デザイナー、マーケティング専門家にもこと欠かない。

あるスタートアップに投資したとき、そのチームの成長を助けるベンチャー・ネットワークのメンバー数を見てみると、シリコンバレーはよその1000倍はいる。シリコンバレーが生んだもっとも価値ある産物は個々の企業ではなく、シリコンバレーというシステムだ。イノベーションを繰り返しながらさらに偉大なプロダクトをさらに効率的に生むシステムが、世代から世代へと受け継がれている。

テクノロジーのイノベーションが一巡するごとに起業家も投資家も大胆さを増している。グーグルが9年間で年間売上30億ドルを達成したのに世界が驚いたが、その頃登場したフェイスブックが30億ドルの売上を達成するには7年しかかからなかった。

シリコンバレーのベンチャーキャピタリストはグーグルの検索連動型広告が文字どおり紙幣を印刷するように金を生むことを発見し、このマシンを世界に拡張できると気づいた。今やグーグルの売上の55パーセントはアメリカ国外からもたらされる。

フェイスブックはグーグルが世界の何十もの地域に進出するのを見て、それより一層速いスピードで国際化を図った。エアビーアンドビーとウーバーの経営陣と投資家はグーグルとフェイスブックのグローバル化をよく観察し、いっそう効率的にこれを再現した。

次世代のスタートアップは、つまり読者がこれから投資するスタートアップだが、こうした企業の国際展開の方式を自分のものにしている。世界の何十もの国、何千もの都市に事業を拡大する方法にさらに磨きをかけ、大きくスピードアップするだろう。

スタートアップの原動力はなんといっても人材だ。ヘッドハンターはデベロッパーやデザイナーをトップクラスの企業から引き抜いてスタートアップというロケットに乗せる。そして満期4年のストックオプションというニンジンでスタートアップのために全力で働くように仕向ける。

グーグル出身社員について、「すべての権利を得ている」という表現をよく見る。これは付与されたストックオプションその他の行使期限付き報酬がすべて満期を迎えているという意味だ。彼らはいっそう有利な条件でフェイスブックに入社し、グーグルのお札を印刷するノウハウを伝授する。グーグルで広告ビジネスの責任者として7年過ごしたあと、フェイスブックに移ってザッカーバーグのナンバー2を務めるシェリル・サンドバーグがいちばんいい例だ。

今やフェイスブックでは多数の幹部社員がストックオプションなどの権利行使の満期を迎えた。シリーズAの資金調達を行ったときに同社の評価額は９８００万ドルだったが、株式上場時点では１０４０億ドル（1株当り38ドル）、現在これを書いている時点では３６８０億ドル（1株あたり28ドル）までアップしている。

フェイスブックというロケットは軌道速度を得て恒久的な衛星となることに成功した。大富豪となった社員は次のロケットの候補を探している。５００万ドルから５０００万ドル程度の手頃なサイズのスタートアップに参加し、立ち上がり時点での株式を入手して爆発的成長を一からやり直すチャンスを狙っているのだ。

ウーバーとエアビーアンドビーの幹部には、グーグルやフェイスブックで成功を収めた人材がいる。

カントリー音楽のレコードを出したかったらどこへ行くのがいいだろう？　ナッシュビルだ。映画ならハリウッドだ。スタートアップなら？　ザ・バレーというのがその答えだ。

文字どおりの「ムーンショット」

スタートアップはかくあるべしと考えられていた枠は、2000年代初めにテスラのイーロン・マスクとウーバーのトラビス・カラニックに打ち破られた。彼らはソフトウェアは重要だが、それだけがスタートアップの行く手を決定するわけではないと考えた。

イーロン・マスクは衛星打ち上げロケットと電気自動車をつくり始めた。誰かよその人間がつくったロケットや自動車にソフトを乗せるのではなく、ハードウェアも含めてすべて自製することを決断した（これはフルスタックと呼ばれる方式だ）。実は投資家の多くはイーロンに「ソフトウェアだけ、あるいはソフトウェアと電気モーターだけをフォードやベンツのような伝統的自動車メーカーに売るようにしろ」と要求した。

しかしイーロンはそれに従わず、テスラ・モデルSの製造に乗り出した。モデルSはきわめて倫理的かつ公正なNPOであるコンシューマ・レポート誌によって、「過去最高の自動車」と賞賛されることになった。そして2013年にはアメリカの国家道路交通安全局から安全性に関して5点満点の5点を得るという新記録をつくった。

今やイーロンはテスラ車に搭載するバッテリーまで内製しつつあり、宇宙事業では火星植民計画を進めている。起業家のビジョンのスケールと実現への確信は、私がテクノロジー投資に関わるようになった当初に比べて文字どおり桁違いだ。これはエンジェル投資家にとって非常に心強い状況だ。単に「衛星を打ち上げる企業向けにソフトウェアを開発する」といったありきたりの目標をかかげるスタートアップより、「火星に植民する」といった壮大なビジョンを持っているスタートアップのほうが投資のリターンははるかに大きくなる。

一方、ウーバーのトラビス・カラニックが考案したのは、自動車のドライバーと乗客を結びつけるマーケットプレイスだった。トラビスは（投資家がそうしろと勧めたように）タクシー会社向けに配車ソフトを売り出したわけではなかった。ある投資家が私に「タクシー会社とバッティングするビジネスをやめさせたい。ウーバーをエンタープライズ向けソフト企業に方向転換するようトラビスに勧めてくれ」と頼んできたことがある。私は「そもそも問題なのはタクシー会社（の非効率性）だ」と答えて投資家の頼みは無視した。

エンジェル投資家として第一の仕事は、揚げ足取り、後ろ向きの批評家、言い訳屋、要するに考えのスケールが小さい人間の言うことに起業家が耳を貸さないよう盾になることだ。

小さく考えていれば人間が小さくなる。私はスタートアップの創業者には小さい成功を狙わず、ビッグな目標を追ってもらいたいと常に考えている。

第7章

スタートアップの資金調達ラウンドを解説する

シードラウンドなのかエンジェルラウンドなのか？

エンジェル投資を始めようとすると、スタートアップの資金調達をめぐる数々の術語、専門用語を聞かされることになる。こうした資金調達ラウンドの詳細について、私は無数の質問を受けてきた。「エンジェル投資のラウンドとシードのラウンドの違いは？」「最近のシリーズAラウンドの調達額というのはだいたいどのくらいなのか？」などだ。

本章では各種の資金調達ラウンドを説明する。ただしすべてのスタートアップがこうした資金調達方法の恩恵に浴するわけではない。ほとんどのスタートアップはエンジェル投資家ともベンチャーキャピタリストとも無縁だ。こういうスタートアップは単に「スモールビジネス」と呼ばれる。

リストアップしたラウンドは、スタートアップの設立を起点として時間順に並べてあるが、起業家はこれらのラウンドをすべて実行するわけではない。それどころか全部のラウンドを実行した起業家は記憶にない。

「ただ働き」ラウンド

最初のラウンドは通例、創業者自身が無給で働くという形で実行される。これは何カ月も続くことがある。もちろんこれは正式な「資金調達」ではない。どんなビジネスにせよ、これは事業が始められるときの典型だ。投資ラウンドとは異なり、キャッシュは動かず、いわば起業家の汗が資本を形成する。そこで業界で「汗による企業価値」と呼ばれるが、エンジェル投資家にとっては重要な指標となる。つまり外部からの投資なしに創業者自身がどれだけの企業価値を形成できたかを測ることができるからだ。

ここで読者は「スタートアップの創業者が立ち上げ時に100パーセントの所有権を持っているとは限らないのでは？」と考えたかもしれない。そのとおりだ。すべての創業者が外部の投資家なしでスタートアップを立ち上げることを望むわけではない。多くの起業家がいわば安全策として最初から外部の投資を望む。そうであっても、私は十分な期間にわたって創業者自身でビジョンを追求するようなスタートアップを好む。というのは外部資金を入れれば、必然的に投資家からの圧力にさらされることになるからだ。

また私の経験によれば、「ただ働き」をいとわない創業者なら、スタートアップが資金を使い果たしたとき（これは多くのスタートアップに起きる事態だ）、自分の給与を返上して会社（と外部からの投資）を救おうとする。こういう創業者にとっては会社を前進させビジョンを実現することが、なにより重要だからだ。

私は度胸があって物事を建設するタイプ、ハスラーにしてビルダーという人物が好きだ。読者がエンジェル投資家として知られるようになれば、無数の起業家が小切手を求めて集まってくる。ただしその大部分は「汗資本」で会社の価値を築くタイプではない。

典型的な起業家はスタートアップの創業にあたって、パワーポイントのスライド以外に何もプロダクトがないにもかかわらず、エンジェル投資家が5万ドルくらいの小切手を切ってくれることを望んでいる。悪くするとスライドもなしで自己満足的なメールを寄越すだけということもある。「あれもダメ、これもダメ、すばらしいのは自分のアイデアだけ」ということが長々と説明されている。エンジェル投資家が小切手を切ってくれさえすれば、そういう幻想が実現するのだと信じている。

できることができの悪いスライドをつくったりすることだけ、読むのが苦痛なメールを書いたりすることだけなら、スタートアップの創業者として失格だ。そのことをどうやって告げるかはそれぞれの投資家の趣味による。

私のスタイルを使うことはお勧めしない。私は遠慮会釈なくずけずけ物を言う。私というブランドや私の目標を追求するにはこれが合っている。私は起業家にこう言う。「私はモノをつくる人間に投資する。モノづくりについてしゃべるだけの人間には投資しない」

お気づきかもしれないが、私のアプローチは断定的かつ闘争的だ。私がこのスタイルを採用するには2つの理由がある。（1）私はそういう人間だ、（2）無意味な人間を遠ざけ、力強い人間と密接な関係を結ぶのに役立つ。

「ブートストラップ」ラウンド

「ただ働き」に近いスタートアップの創業方法に、ブートストラップがある。ブートストラップというのはブーツの後ろ側についている小さなタブで、これをつまんで引っ張ると楽にブーツが履ける。つまり手の届くところにあるリソースを使い、自分だけの力で物事を前に進めようとする努力を言う。

「ただ働き」の場合と同様、創業者は自分たちだけでプロダクトなりサービスなりを開発する。ブートストラップの場合は外部の助けを求める。ただし、その相手は投資家ではない。スタートアップの創業者が「ただ働き」でつくったプロダクトに金を払いたいという顧客が見つかることがよくある。

ブートストラップが得られたスタートアップは、ただ働きだけのスタートアップに比べて有望な場合が多い。すでに顧客がついたというのはプロダクトなり創業者なりに見どころがあったということだ。

私の最初のビジネスは『シリコン・アレー・レポーター』という雑誌だった。これは「ただ働き＋顧客」というブートストラップで1995年に出発した。記事の大半は私が書き、写真も自分で撮った。友達のいる会社から私自身が広告を取ってまわった。レイザーフィッシュ、ベンチャーキャピタルのフラティロン・パートナーズといった会社だ。

ブートストラップというのは19世紀のアメリカで生まれた表現だそうだ。当時の男たちはブーツの裏側のストラップを引っ張って脚を高く上げて柵を乗り越えたのだそうだ。しかし語源の詮索はたいがいにしておこう。本を読んでいて語源について長々と能書きを言うのは目障りだ。私が読者なら「この著者は本当に役立つ情報を提供できないのでウィキペディアから拾ってきた切れ端でページを埋めているな」と思ってしまう。

「友達、家族、親類縁者」ラウンド

スタートアップはプロのエンジェル投資家と接触する前に、個人的な関係からの資金調達をすることがよくある。お金持ちの伯父さんとか、不動産業でひと山当てた友達などに株式を割り当てた場合、これは「親類縁者ラウンド」と呼んでもいいだろう。

この段階のスタートアップは、「ただ働きラウンド」や「ブートストラップラウンド」と「プロの投資家の小切手を受け取る幸運を得なければ春の雪のように消えてしまう多数の会社」の中間に位置すると見なされる。

ある意味では実家や親類縁者から金を借りまくるとは図々しい話で、事業に失敗すると次の感謝祭の親類の集まりが厄介なことになる。もっともこういう起業家は、家族や友達の金を使うのをなんとも思わないほど自分のビジョンに賭けている夢想家だとも言える。「親類縁者ラウンド」段階のスタートアップがものになりそうかどうかは、創業者にどれくらい才気があるか、効率的かを見れば判断できる。たとえば起業家がおばあさんと大学の寮のルームメイトから10万ドルを集めたとする。そして7万5000ドルをプロダクト開発に、2万5000ドルをPR代理店に払ったとする。こういうスタートアップは、「ただ働きラウンド」の創業者とは違って、おそらくはプロダクトづくりに向いていない。

このたぐいの創業者をわれわれは「小切手を書くしか能がないチェックライター」と呼んでいる。連中は金をばらまき、もっともらしい能書きを並べるのは非常にうまかったりする。しかし現実にプロダクトをつくることにかけてはまったく無能で、プロダクトとマーケットのフィットを実現するなど夢にもできない。そんなプロダクトやサービスに引っかかるのは未経験な投資家くらいのものだ。私が求めている創業者は向こう気が強く、資金の使い方が断固として効率的な連中だ。

「自己資金調達」ラウンド

創業者として理想的な人々は往々にして、すでに自分自身に投資している。たとえば創業者が「今のところ運営資金は私が出しています」と言ったとしよう。私はすぐに次の2つの点を尋ねる。「どのように？」と「なぜ？」だ。

第一に、スタートアップの運営資金を自分で出しているとするなら、その金はどうやってつくったのか？　またこれまでにトータルでいくら投資しているのか？　一族の信託基金が使える身分なのか、前回スタートアップを売却したときの資金なのか？　それともどこからか借金したのか？

なぜ投資家から資金調達をしなかったのか？　親の金がありあまるほどあるのか？　それとも連続起業家によくあることだが、MVPを100パーセント信奉しているのか？　MVP（minimum viable product）というのは「実用上最小限の能力を備えたプロダクト」の意味だ。自分のアイデアが有効だと確信があれば、MVPをつくる前に投資家に長々しいプレゼンをして時間を無駄にしたくないと創業者が考えることはあり得る。

しかし借金をしてスタートアップに注ぎ込もうと考えている起業家に会ったら、私は心配になる。起業家に家族がある場合は特にそうだ。責任を持たねばならない家族がいるのに「ただ働き」「ブートストラップ」「親類縁者」のいずれにも頼れず、もちろん投資家の援助も期待できない。にもかかわらずスタートアップというリスクの大きい仕事を始めようとする人物は、私の意見では、絶対に常軌を逸している。

つまり、そういう人物が借金以外に資金を得られなかったとすれば、友人、親類はもちろん何百人というプロの投資家がそのビジョンに価値を認めなかったということだ。この中には起業家志望者よりずっと知識、経験が豊富な人間もいたはずだ。こうした起業家志望者は自分以外の世界の全員が間違っているという信念のもとに、家族の将来を危険にさらすことになる。

私の定義ではこういう人間は勇気があるとは言わない。話にならないほど無責任か危険な自惚れ屋かどちらかだ。

家族の将来を危険にさらすよりましな選択はいくらでもある。

スタートアップを始めるための借金先を探し始める代わりに、まずはアイデアをさらに磨くべきだ。プログラミングを学び、「ただ働き」でソフトウェアを書くべきだ。

エンジェル投資家からすでに資金を得ているスタートアップに加わり、そこで「世界を変える」という夢を追うべきだ。

エンジェル投資家がアイデアに納得するようになるまで、創業は見合わせるべきだ。

「インキュベーター」ラウンド

創業者にはインキュベーター（アクセラレーターともいう）に加わり、そこで少額の投資を受ける道もある。多くのインキュベーターは2万5000ドルから15万ドル程度のシード資金の投資と引き換えにスタートアップの10パーセント程度の持ち分を要求する。

インキュベーターはヘルスケア、ハードウェア、エンタープライズ向けソフトウェア、モバイル・アプリケーションなど特定の分野に特化したものも多い。インキュベーターという存在がポピュラーになったのはシリコンバレーでここ10年ほど前からだ。これはスタートアップがシリコンバレーに集中して大量に創業されてきたことと無関係ではない。

ただもうひとつ重要な理由は、スタートアップないしスタートアップを目指す実験（私はこの言い方を好む）が増えるにつれ、プロダクトを市場に出すためのコストが劇的に下がったことだ。実際、以前はスタートアップを始めるのに数百万ドルの資金が必要だったが、今や2万5000ドルから25万ドルくらいの範囲で十分可能になっている。

巨大企業に成長したスタートアップの多く（ウーバー、フェイスブック、テスラ、グーグルなど）はインキュベーターから生まれたわけではない。それでもときおり、インキュベーターから大当たりが出ることはある。インキュベーター出身で評価額100億ドルを超えたスタートアップは1社だけ、エアビーアンドビーだ。ゼンフィッツ、ストライプ、ドロップボックスはいずれも100億ドル未満だがインキュベーター出身のユニコーンだ。インキュベーターについてはこのあと、第23章で詳しく述べる。

最近一部のスタートアップは「インキュベーター・ホッピング」を始めた。つまりインキュベーター・プログラムをあちこち渡り歩き、10万ドルくらいの資金と数多くのアドバイスを得る――ただしそのつど株式で手数料を支払うので、持ち分は希釈される。ただ、創業者がスタートアップの運営を持ちこたえられなくなり、2つ目の（あるいは3つ目の）インキュベーターに駆け込んで資金を得るのは悪い方法ではない。ともかく会社を店じまいするよりましだ。

「シード／エンジェル投資」ラウンド

ほとんどのスタートアップ創業者は、説明した5つのうち2つか3つを使ってアーリーステージの資金調達に成功している。たとえば、ブートストラップでスタートアップを立ち上げた後にインキュベーターに参加し、ソフトウェアが完成する前に2社に売り、続いてエンジェル投資家から資金調達するという具合だ。

基本的にエンジェル投資家の仕事というのは、ここで説明したようなチャンネルを広く見渡し、いちばん有望そうな相手を選ぶということに尽きる。

大学のスポーツチームのスカウトが高校を卒業する選手を探すのに似ているかもしれな

い。高校の運動場を走り回っている選手たちはまだ本物のプロにはなっておらず、成長中の素材だ。こうした場合、常に正しい相手を選ぶことはできない。しかし、正しい選択を助けるような戦略を身につけることは可能だ。

この本の趣旨もまさにそこにある。

一部の優秀な創業者、目に立つほど面白いプロダクト、注目を浴びているマーケットなどの場合、これらの5つの資金調達を飛ばして、いきなりシードラウンドが始まることもある。たとえば2014年のウーバー、2015年のエアビーアンドビーはオンデマンドによるシェアリングエコノミーというホットなマーケットでとてつもなくホットなアプリをつくったことで注目を浴びた。そういう優れたアイデアを持ったスタートアップなら、たとえプロダクトのリリース前でも150万ドルのシード資金の調達に成功するのはわけない。

グーグルやフェイスブックにスタートアップを売却した実績のある起業家が新たなスタートアップをつくった場合、単にプロトタイプをつくった（あるいは極端な場合、プレゼンのスライドをつくった）だけなのに、かなりの額のシード資金を調達するというのはよくあることだ。

新しいカテゴリーがホットになったり、起業家が確固たる実績を上げたりした場合、投資家は興奮し、投資を判断する基準を大幅に甘くする。そういうスタートアップには追い風が吹いていて、成功の確率が高まっていると考えるからだ。これは不合理な判断ではない。創業者が以前にスタートアップをグーグルやフェイスブックに売却できたのであれば、今回のスタートアップが同じように売却（ないし上場かもしれない）に成功する可能性は高い。それが実績というものだ。

ブリッジ・ラウンド（シード・プラス・ラウンド）

たいていの創業者は次のラウンドが必要になる段階が来るまでの時間（プラス、金額）の重要性を正しく認識していない。シードラウンド段階のスタートアップが資金を使い果たしそうになったが、まだ損益分岐点に届いていないなど、ベンチャーキャピタルにシリーズAラウンドを要請する段階に達していない場合がよくある。こうしたときに行われるのがブリッジ（つなぎ）ラウンドだ。ブリッジと呼ばれるのは、今いる場所と行きたい場所に「橋をかける」ラウンドだからだ。

通常、このブリッジ・ラウンドの投資家は、シードラウンドに参加したのと同じメンバーだ。シードラウンドの投資家はスタートアップが倒産すれば投資がゼロになってしまう。そこで「つなぎ」資金を供給するモチベーションが高い。

ブリッジ・ラウンドへの参加は「損な投資」になる可能性が高い。当初のエンジェル投資は有望なスタートアップの立ち上げを助けるものだったはずだ。一方、ブリッジ・ラウンドの場合は、すでに失敗の可能性が高まっているにもかかわらず、創業者への義理や悪くすると投資家自身のエゴを満足させるために行われることがある。つまりそのスタートアップのファンダメンタルを正しく評価していない場合が多い。

実のところ、私はこの種の失敗を何度となく繰り返してきた。それは私が創業者の能力を信ずる楽天家だということでもあるし、エンジェル投資家になった当初、私はエゴが強かったせいでもある。私が選んだスタートアップが失敗するということは私が間違っていたことを意味する。私はそういう状況に置かれるのが嫌いだ。

最近はブリッジ・ラウンドを求められると、次の点に注意することにしている。といっても簡単なことで、「最初の投資を決めた後で何がどう変化したのか？」という点だ。変化したのが私の評価――創業者の能力が思ったほどでなかった、マーケットはこの種のプロダクトを必要としていないらしいなど――であれば話は簡単だ。私は創業者に「このラウンドはパスだ」「今回は参加しない」などと伝える。

この場合、創業者はその理由を知りたがる。私は歯に衣着せぬ言い方をする傾きがあるが、誰もがそうしなければいけないわけではない。ほかのエンジェル投資家はこういう場合、単に「今のところ新しい投資をしていないのだ」とか「うちではフォローアップ投資には参加しない方針だ」とか答えているようだ。もちろんこれは「大成功を収めつつあるスタートアップや本当に能力を信頼している創業者ならフォローアップ投資をするのだが」という意味だ。

「何が変わったのか？」に対する答えがポジティブなものである場合も多い。創業者たちは顧客や市場について多くを学んだ。それをベースにプロダクトを有望なものに改良した。ブレークイーブンに達するためにあらゆる努力を払っている。

こうした場合、投資を継続すると決めるのは簡単だ。

ただしここで注意すべき重要な点がある。ブリッジ・ラウンドの時点での会社評価額と投資条件だ。

シードラウンドの段階で会社評価額が400万ドルであり、チームは大いに経験を積み、現実に顧客も得ているという状態だったとしよう。ブリッジ・ラウンドでも評価額が変わらないならシードラウンドで出した以上の資金を投じるべきだ。このスタートアップはシードラウンドのときよりも価値が高くなっているのだから、つまり今回のほうが投資条件は有利だ。

シードラウンドの評価額が400万ドルだったのに、ブリッジ・ラウンドの評価額が800万ドルだというなら、創業者にその評価額の根拠を尋ねるべきだ。私はこの質問に対する答えをじっくり聞く。創業者が本当のことを言っているかどうかに注意しながら、スタートアップの価値が本当に2倍になっているかどうかよく考えてみる。

納得がいかなければ私は「その評価額では今回のラウンドはパスだ」と答える。

800万ドルの評価額でシードラウンドを終えた後、スタートアップは順調に成長しているのに、その評価額では誰もブリッジ・ラウンドに乗ってこないという場合もある。こういった場合、エンジェル投資家は創業者に「ダウン・ラウンド」したらどうかと提案することがある。これは「ラウンドにちょっと味をつける」とも言う。

簡単に言えば、ダウン・ラウンドというのは会社の評価額を下げることだ。マーケットは過去になんどもバブルの破裂を経験してきた。2000年から2001年にかけてのドットコム・バブル、2008年のリーマンショックなどがそうだ。

ブリッジ・ラウンドを実現する別の方法として会社評価額は下げず、投資家に一種のボーナスを出すことがある。これに適した金融ないし法律上の仕組みがある。ひとつは残余財産分配優先権（liquidation preference）だ。もうひとつは新株引受権（warrants、ワラント）の発行だ。

どちらの場合も、投資家は投資額の2倍から3倍の価値の株式を受け取れる。たとえば1株8ドルで1万株買ったとしよう。ここでスタートアップは将来増資した場合、投資家が1万株を1株あたり0・01ドルで購入できるオプションを付与するかもしれない。

シリコンバレーでは「クリーンなタームシート」つまり各種の条件が付いていない出資条件が好まれる。そこで新株引受権や残余財産分配予約権などのオプションは避けられる傾向にある。実際、当地ではこうした法的、財務的ツールは一種の「ぼったくり」であると考えるプロフェッショナルが多い。

しかしアメリカ東部やヨーロッパでは投資家は、もっと保守的で安全を重視する。またシリコンバレーにおけるほど劇的な成功に出合う可能性も低いので、こうしたツールでいわば保険をかけておくことを好む。

シリーズAラウンド

いよいよシリーズAだ。これはスタートアップがここに到達することを熱望し、かつもっとも重要でもある投資ステップだ。シリーズAとなれば、投資を実施するのはプロのベンチャーキャピタルであり、案件の担当者はスタートアップの取締役に就任して「適切な経営管理」を助ける。

「適切な経営管理」というのは、株価を1セントでも高めるために取締役が集まって定期的に取締役会を開き、必要な措置を取るよう決議を行うということだ。

普通、シリーズA以前は創業者の上には誰もいない。取締役がいないから取締役会もない。取締役会の決議もない。株の価値に責任を持つ人間もいない。創業者たちは（当然ながら）、プロダクトをマーケットに適合させることに全力を挙げている。

しかしひとたびシリーズAの資金調達すると事業が変わる。CEOは時間の20パーセントを取締役対策に当てることになる。取締役会は6週間から10週間に一度開く必要がある。つまり年に6回から8回程度開催しなければならない。そこで創業者は取締役会で使うスライドを準備し、弁護士を頼んで社員に報酬として株式を分与するストックオプションのための決議案を起草する。ひと言で言うと創業者には今や上司ができたことになる。

エンジェル投資家はシリーズAに参加することがある。ただしそう頻繁にではない。その理由は、ベンチャーキャピタルというのは巨額の資金を持っている上に強欲だからだ。

ベンチャーキャピタル（ＶＣ）が有望なスタートアップを嗅ぎ当てたとしよう。５００万ドルから１０００万ドルを投じれば会社評価額で１２００万ドルから２５００万ドルになるなら、ＶＣは手に入る限りの株を買い集めてしまう。資金調達ラウンドにほかの投資家が参加できるかの決定権は幹事役の「リード投資家」が握っていることも珍しくない。

エンジェル投資家が強力なベンチャーキャピタルと並んでシリーズＡに参加するのは、たとえば次のような場合だ。創業者がエンジェル投資家と特に親しくしており株式を割り当てるよう要求した場合、エンジェル投資家がきわめて著名で株式を所有していることが株価をアップするのに役立つとベンチャーキャピタルが考えた場合、などだ。

エンジェル投資家のポートフォリオ中のスタートアップが名門ベンチャーキャピタルからシリーズＡの資金を得ることが決まったら、エンジェルもできる限り相乗りするのがよい。このとき「プロラタ」の権利を最大限に活かすべきだろう。

プロラタというのは株式持ち分の割合を増資後も維持できる権利だ。通常、エンジェル投資家はスタートアップにプロラタを要求しないが、要求すれば得られるのが普通だ。私は今後の投資には必ずプロラタを付けようと思っている。もし会社の増資後も私が持ち分割合を維持する権利を持つべきでないと創業者が考えるのであれば——私が最初の投資家のひとりであるにもかかわらず——私は彼らにとって適切な投資家ではないことを意味する。逆も真実だ。この会社は私にとって適切な投資先ではない。

つまりエンジェル投資家が要求したのにプロラタを与えないのは無礼きわまる。以上！

シリーズB、C、D、E、F、それらの中間ラウンド

多くの場合、シリーズAラウンドが成功すればエンジェル投資家としてはもうその会社に投資することはない。あとは買収なり上場なり、現金化への道を進むのを見守るだけだ。むしろスタートアップがシリーズB、C、D、と資金調達ラウンドを繰り返すようであれば、エンジェル投資家は自分の所有する持ち分の一部をいわゆる「セカンダリーマーケット」で売ることを考えてもいい。

昔から言われているが、金持ちが金儲けの秘訣を聞かれて「売るのに早すぎることはない」と答えたという話は覚えておいていい。

この「エグジット」ないし持ち分の現金化については第30章で再度触れる。しかしまずは、エンジェル投資というゲームに参加する方法を学ぶことが大切だ。私はこの本でこうした点を説明していきたい。

金がわずかしか（あるいは全然）なくてもエンジェル投資家になれる

資本政策表の基礎

エンジェル投資家の仕事というのは金、時間、人脈をうまく結びつけることだが、プラス、スタートアップの「キャップ・テーブル」に掲載されるためには専門知識も必要になる。

キャップ・テーブルというのはキャピタライゼーション・テーブル（資本政策表）のことだ。これは株主全員を掲載した公式のリストであり、誰がどれほど投資したか、またそれぞれが入手した株式の種別もわかるようになっている。株式種別が異なれば、保有することで得られる利益も異なる。株式の種別によってどういう差異があるのか、またエンジェル投資家は所有する株式を守るためにどういう手立てを用いるべきかは、第30章で説明する。

資本政策表に掲載されるためのいちばんシンプルな方法は、要するにスタートアップの株を買えばよい。しかしこれには2つの条件がある。

1 資金
2 アクセス

エンジェル投資家として投資すべきスタートアップを探し始めた場合、まず会う可能性が高いのは、資金集めが進まず苦労している創業者だ。最高の実績がある起業家、たとえばフェイスブックでゲーム王国を建設したマーク・ピンカス、ツイッターの創業者のひとり、エバン・ウィリアムズなどは、その実績と人脈からして簡単にトップクラスのエンジェル投資家から出資を受けられるだろう。それどころか、過去のエグジット（会社の現金化）で得た資産の一部を使うなら資金調達そのものが不要かもしれない。

そこでこうした創業者はたいていの場合、この本の読者を必要としない。読者の金も必要としないし、そもそも会うことさえできないに違いない。つまり読者は、「今は無名だがやがて次のマーク・ピンカス、エバン・ウィリアムズになりそうな人材」を見つけなければならない。

駆け出しのエンジェル投資家が有望な投資案件に参加できるとしたら、えらく幸運だったか、そこに招待された場合だけだ。エンジェル投資を始めたらできるだけ多くの起業家に会うべきだが、投資する案件はできるだけ少なくすべきだ。

たくさんデートし、ただしまだプロポーズはするなという感じだ。投資契約の実務、また契約の前後、最中で創業者とどのように話し合うべきかは、この後で別に章をもうけて説明する。

資本政策表の5分類

簡単にいえば、資本政策表に載っているのは次の5種類の人間だ。創業者、社員、アドバイザー、エンジェル投資家、ベンチャーキャピタリストだ。

スタートアップは、創業者がいなくては成立しない。創業時点で、創業者は会社を100パーセント所有している。会社の全期間を通じて、もっとも重要な仕事をするのは創業者だ。創業者の生活は寝ても覚めても毎分がそのスタートアップのために使われる。資本政策表のトップには創業者が来る。

2番目は社員だ。社員ももちろん大部分の時間をスタートアップのために使っているが、その人生がまるごとスタートアップに賭けられているわけではない。当初から会社の持ち主である創業者とは違い、社員は株式をストックオプションのプールから分配される。

ストックオプションというのは株式そのものではなく、一定数の株式を将来ある価格で購入できる権利にすぎない。この価格(行使価格)はオプションが付与されたときの会社の価値(企業評価額)によって算定される。ストックオプションは社員のモチベーションを高めるために非常に良い方法だ。

ストックオプションを得た社員はほかの株主と同様、会社と一体化することになる。オプションが行使できるのは通常付与から4年後だ。たとえば社員が採用後2年で会社を去った場合、オプションの半分だけを保有することが許され、残りの半分はオプション・プールに戻されるのが普通だ。プールにまとめられたオプションは将来ほかの社員に分配されることになる。

資本政策表の3番目はアドバイザーだ。エンジェル投資家志望だが今のところ文無しの人間といってもいい。アドバイザーは自分の技能、経験、知識、人脈、評判、時間などと引き換えに株式を得る。

4番目はエンジェル投資家、つまり本書の読者だ。エンジェル投資家の生活は単一のスタートアップに100パーセント結びつけられてはいない。エンジェル投資家は創業者をサポートする。誰もいない段階で手助けを始め、プロのベンチャーキャピタリストの手に無事引き渡すのが仕事だ。

5番目にベンチャーキャピタリスト(ベンチャーキャピタルとも呼ばれる)が来る。ベンチャーキャピタリストが登場するのはかなり後になってから、スタートアップからリスクが大半取り除かれてからだ。ベンチャーキャピタリストの仕事は会社を思春期から一人前の大人に仕上げることだ。

株主のモチベーション

この5種類の株主はビジネスの価値を拡大するという共通の目標に向かって努力する。少なくとも努力すべきだ。

株式という仕組みはまさにこうしたことを可能にするために存在する。資本政策表は何が賭けられているのかを手早く一覧できるスコアブックのようなものだ。

読者がスタートアップX社に投資しているとして、発行済株式が5000万株、会社評価額が500万ドルなら1株当りの価値は10セントと計算できる。

読者がX社の2パーセントを所有するには100万株を持つ必要がある。共同創業者2人が1500万株ずつ所有しているとしよう。社員にストックオプションを付与するためのプールがトータルで500万株、ベンチャーキャピタルが1000万株（つまり会社の20パーセント）を持っているとする。

この場合、誰であれ株主の目標は会社評価額を5000万ドル（50億円、1ドル100円で換算、以下同）にすることと設定される。発行済株式が5000万株のままであれば、株価は1ドル（100円）となる。つまり株価、会社評価額は当初の10倍だ。

そこで投資家は「会社を5000万ドル（50億円）で売却すべきか、それとも会社所有権の20パーセントとして1000万株を新規に発行して資金を調達すべきか？」といった選択を迫られる。この場合に選択を助けるのが資本政策表だ。

実際こうした状況は株主が始終直面する問題だ。つまり「会社売却か、新たな資金調達か」という選択だ。

スタートアップの創業者（ここでは2人で合計3000万株を所有すると仮定している）は会社を売り急ぐ傾向がある。このシナリオで会社を5000万ドル（50億円）で売却すれば、創業者2人は合計1500万ドル（15億円）の小切手を受け取ることができる。これは断りにくい申し出だ。特に創業者がカードローンを目いっぱい借りていたり、奨学金の返済に追われていたりすればなおさらだ。小さなスタートアップでは給料はないに等しく、貯金もゼロだろう。

エンジェル投資家は100万株に10万ドル（1000万円）を支払ったわけだから、それが100万ドル（1億円）になって返ってくるなら大成功だ。最初に投じた自分の金を差し引いて90万ドル（9000万円）がまるまる利益となる。あるいは株式持ち分の半分（つまり50万ドル相当）を新しい資金調達ラウンドの投資家に売るという方法も考えられる。これは業界で「愚者の保険」と呼ばれているが、要するにこのスタートアップが最終的に失敗しても半額は手元に残る。

この「半分を売る」戦略でいくと、10万ドル（1000万円）の投資に対して40万ドル

（4000万円）のリターンとなる。なおかつ将来の成長に賭けて会社の1パーセントを所有している。もし会社が失敗すると、「保険」をかけていなかった投資家は丸損だが、われわれのエンジェル投資家は十分な利益を確保できる。

逆にもしスタートアップがユニコーン（10億ドル企業）に大化けすると、1株は20ドルに跳ね上がる。エンジェル投資家の50万株は1ドルから20ドルとなり、差し引き19ドルの利益になるはずだ。テーブルから取り損なった札束は950万ドル（9億5000万円）だ。もちろん、残りの50万株を1000万ドル（10億円）で売れば、投資利益は1040万ドル（10億4000万円）、つまり10万ドル（1000万円）の投資に対して104倍の利益となる。もし全株式をホールドしてこのときに売れば1990万ドルの利益、つまり投資に対する倍率は199倍となる。

このあたりの判断は非常に難しい問題となる。昔からの投資のことわざに「金持ちになりたければ売り急げ」というのがある。

ともかく注目すべきポイントは2つの数字だ。この数字だけが投資家にとって本質的な意味がある。つまり「いくら出したか？」と「いくら得たか？」だ。

会社評価額をベースにした株価が最高何ドルを付けたかなどは株式を売却するときの判断に対してなんの意味も持たない。フェイスブックの株主の多くは上場の直後に1株18ドルで株を売却した。ザッカーバーグがモバイル化のトレンドに適切に対応できないと考えたからだ。しかしザッカーバーグはモバイル化に見事に対処し、フェイスブックの株価はその後130ドルまで上がった。これに加えてインスタグラムを10億ドル（当時このスタートアップには13人の社員しかいなかった）で、ワッツアップを200億ドル前後で買収するという、その当時は正気の沙汰でないと評された会社買収の決断もすべて追い風となった。上場直後に売った株主は大損をしたことになる。

OPM＝他人の金

会社評価額500万ドルのスタートアップX社の資本政策表に登場するベンチャーキャピタリスト（VC）の行動を観察すると、彼らはまったく違った原理で行動していることに気づく。VCはOPM、つまり他人の金（Other People's Money）を動かしているからだ。VCはOPMを投資していわゆる20パーセントの「キャリー」、簡単にいえば利益を上げようとしている。われわれのスタートアップの例で言うと、VCはX社の株式1000万株を所有している。つまり1株あたり0・1ドル、総額100万ドルを投資したわけだ。仮に会社評価額が10倍、1株1ドルにアップすると、VCは900万ドルの利益を得る。このうちの20パーセントがVCを運営するパートナーの取り分となる。実額にすると180万ドルだ。悪くない報酬だが、多くのベンチャーキャピタルにはパートナーが5、

6人いる。6人で分け合ったとすると、ひとりあたりの取り分は30万ドルだ。

この場合エンジェル投資家なら90万ドルはすべて自分の利益となるが、パートナーが6人いるVCの場合、ひとりあたりの利益は900万ドルの20パーセントのさらに6分の1、つまり30万ドルに過ぎない。他人の金を扱うベンチャーキャピタリストの取り分は、自分の金をつぎ込むエンジェル投資家とくらべて3分の1にしかならない。

そこでスタートアップXに対して5000万ドルの買収提案があったとして、VCはなんと助言するだろうか？　この額でスタートアップを売却すれば、いくらシリコンバレーの生活費が高いといっても、10カ月食っていくくらいの利益が出るはずだ。しかしVCは「売却なんかとんでもない。このまま進んでユニコーンを狙え！」と言うはずだ。

また、VCはスタートアップの取締役を兼ねているのが普通だ。そこであらゆる機会を利用して創業者たちに「フェンス越えを狙ってバットを思い切り振る」よう説きつけるだろう。VCの立場からはこれには理由がある。実際X社がユニコーンになれば、さらに20倍も評価額はアップする。つまりベンチャーキャピタルのパートナーはめいめいが600万ドルを得る。これは大した儲けだ！

スタートアップの創業者が売り急ぎ、その結果大きなチャンスをふいにすることもある。VCは創業者の売り急ぎを思いとどまらせ、ホームランを狙うよう助言することが多い。われわれエンジェル投資家は基本的にその場の流れに乗っていく。この場合、グッドニュースは、投資業界は個々の投資家の立場の違いを理解しており、セカンダリー・マーケットという未公開株の流通の仕組みを整備して、投資家全員の利益となるようにしていることだ。

仮に創業者がスタートアップの35パーセントを所有しているが、預金通帳の残高はゼロだったとしよう。このスタートアップに1億ドルの買収提案があったとすると、創業者には3500万ドル（35億円、1ドル100円換算）の報酬を手にするチャンスが生まれる。これは人生を一変させるような額だ。

500万ドル（5億円）なら「金の苦労を当分取り除いてくれる」ような額だ。500万ドルあれば少なくとも10年間は生活の心配をしないですむ。

しかしこれが1000万ドル（10億円）なら「地球脱出速度」を得るようなものだ。つまり今後は決して生活の心配をせずにすむ。年間50万ドルの利子なり配当なりが確保できれば生涯暮らしに困ることはない。

それが2000万ドル（20億円）なら「くそくらえマネー」の領域に入る。

これだけの金があれば、誰に対しても堂々と「くそくらえ！」と言って立ち去ることができるだろう。私の経験からすると、ここに創業者の決意が試される危険な領域がある。

銃を突きつけられたも同然の苦しい状況にいたのに、ある日突然、邪魔な人間には遠慮なく「消えて失せろ」と言えるようになるのは往々にしてやっかいな問題を引き起こす。

セカンダリー・マーケット

さてセカンダリー・マーケットだが、この仕組みはベンチャーキャピタル会社が創業者の持ち株の一部を買い取るときに役立てられる。

前に触れた「愚者の保険」を思い出していただきたい。

このバランスは難しい問題となるが、創業者は会社持ち分の10パーセントから20パーセントをVCに売却することが多い。われわれのモデルでは350万ドルから700万ドルに相当する。税引き後の手取りを考えても「当分金の心配をせずにすむ」レベルの収入となる。VCにとってもこの程度の額は創業者が金の心配をせずに会社を大きくする仕事に打ち込めるようにできるのでメリットがある。この額は欲しかった車を買ったりビジネスクラスで飛んだり奨学金を完済したりするのにちょうどいい額だ。

実はVCは創業者に「地球離脱速度」の金、つまり誰はばかりなく「くそくらえ」と言えるようになるような大金は与えたがらない。そんな金を手にした創業者は次の取締役会で「会社運営の資金は自分で出す」と言い出すかもしれない。さらに悪いことに「あんたたちVCはお役ご免だ。もう用はないからとっとと出ていってくれ」と告げるかもしれないし、「今年いっぱいバージン諸島のリゾートでカイトサーフィンをして過ごすつもりだ」と言うかもしれない。

一方エンジェル投資家にとってもセカンダリー・マーケットは「投資額に対する利益の平均」を健全化する上で有力な手段となる。エンジェル投資家には株式上場前にポジション、つまり手持ち株の25パーセントを売却するチャンスが1、2回あるかもしれない。そういうチャンスがあったら売っておくのが賢明だ。私は何十億ドルもの評価額を得た会社が株式上場を待たずに価値ゼロに転落した例をいやというほど見ている。

テクノロジー・スタートアップの会社評価額がアップするスピードは目覚ましいが、ダウンするスピードはそれ以上だ。繰り返すが、スタートアップというのは衛星打ち上げ事業のようなもので、ときには発射台を離れる前にロケットが大爆発を起こすことがある。ウソだと思ったらイーロン・マスクに尋ねてみるといい！[*]

金がない場合

自己資金がない場合はどうしたらいいだろう？　どうにかして資本政策表に交ざる方法はないものか？　第4章で論じたように、自分の人脈や知識、経験をアドバイザーという

訳注＊　スペースXが打ち上げを受注したフェイスブックの通信衛星は2016年に発射前のテスト中に爆発した。

形で活用する人々がいる。彼らの多くはフリーランスでアドバイザーのサービスを提供する報酬を会社の株で受け取ることがある。

スタートアップのアドバイザーになるのはエンジェル投資家入門として非常によい方法だ。私自身がこういうアドバイザーとして体験してきた浮き沈み、メリット、デメリットについては次の章で詳しく説明しよう。

資金調達のコンフリクト

文無しでも資本政策表に載る方法はほかに2つある。ひとつは自分でスタートアップの創業者となることだ。もうひとつはそうしたスタートアップの社員となり、ストックオプションを得ることだ。ただしこういう道を選んだ場合、買えるくじ、つまり資本政策表はひとつに限られてしまう。スタートアップの創業者やストックオプションを得た社員は通常4年間はその株を売却することができない。

つまりスタートアップの創業者や初期の社員は、ほとんど給料が出ない困難な仕事を20年続けても3回か4回しかバットを振れない――株を売却するチャンスがない。統計によればスタートアップの70パーセントは失敗するので、成功のチャンスは一生で2回か3回しかないだろう。逆にまったくエグジット（現金化）できないまま終わる可能性も十分にある。空振りの可能性が30パーセントあるなら3回連続で空振りする可能性もざっと3

パーセントあることになる（0・3×0・3×0・3＝0・027）

また「勝ちが小さい」かもしれない。何年もの激しい努力に対して100万ドルか200万ドルしか得られないこともあり得る。

20年間体をすり減らして働いた報酬が数百万ドルというのは十分考えられる。もちろんこれでも悪くない成果だ。しかしこれは本書でわれわれが論じているような大型のリターンを狙う話とは別物だ。

エンジェル投資家として私は毎年30チームのスタートアップに投資している。平均して2週間に1件くらいの割合だ。

創業者になるというのは驚くべき体験で、いわば無から有を生み出し、世界を自分の望むように変える存在になれる。社内では創業者はキング、クイーンだ。

しかし確率から言えば、創業者が大きな利益を手にできる可能性は非常に低い。スタートアップの経済におけるオッズは長期にわたって投資を続けるエンジェル投資家やベンチャーキャピタリストに有利にできている。

もちろんエンジェル投資家ないしベンチャーキャピタリストとして成功するためには、ノウハウ、ネットワーク、知識経験といった資産を組み合わせて活用する必要がある。

第9章

アドバイザーのメリットとデメリット

第8章で説明したように、資本政策表に載る人間には5種類ある。スタートアップの創業者、社員、アドバイザー、エンジェル投資家、ベンチャーキャピタリストだ。

創業者と社員は会社を離陸させようとフルタイムで働く。彼らは毎日出社する。株式を持っているが通常は、売却の権利を完全に得るには4年待たねばならない。いわばすべての卵を自分のスタートアップというひとつのカゴに入れた状態だ。

エンジェル投資家とベンチャーキャピタリスト（VC）は投資と引き換えに株式を得る。毎日オフィスに行くわけではない。ポートフォリオ（運用資産）には多数の会社が含まれ、それぞれ注意を向けていなければならない。また、常にポートフォリオに加えるべき新しい有望な投資先を探している。

アドバイザーは株式をキャッシュで買うわけではない。知識、経験、人脈などの自分自身の価値と引き換えに株式を得る。普通のスタートアップはブランド価値がゼロであり、アドバイザーにブランド価値があればスタートアップはその恩恵を得られる。

とにかく始めなきゃいけない

私はキャリアの初期、スタートアップが要求する最低限の資金——多くの場合2万5000ドルから5万ドルくらい——を用意できなかった。ところが私は、名刺フォルダーいっぱいの名刺を持っていた。その人脈に加えてスタートアップを離陸させるために必要な能力、特にマーケティングとPRの分野での能力があった。そこで多くのスタートアップの取締役会にアドバイザーとして加わった。これで少しでも稼ごうとしたわけだ。

その結果、資産運用のロボアドバイザー、ウェルスフロントをはじめ何社かのアドバイザーに就任できた。ディスネクスト、セービングズ、ダインでは取締役に就いた。

おおむね2年の任期で6社のアドバイザーを務めた。トータルで7社のアドバイザーになったが、驚くべきことに、そのうちの3社でトータル70万ドル前後の利益が上がった。ウェルスフロントは現在でも活発に活動している。閉鎖されたのは2社だ。腹が立つことに、スタートアップの創業者のひとりはろくでなしのベンチャーキャピタリストにけしかけられて、当然私に帰属すべきアドバイザー報酬としての株式を渡さなかった。この事件については後でもっと詳しく述べる。

私の勘では、ウェルスフロントはDNSサービスのパイオニア、ダインと同じくらい成功の可能性がある。6打席でホームラン2、2塁打1、ヒット1、三振2といったスコアだ。打率にすると6割6分7厘で、これは幸運すぎる結果だ。こんなことが長く続く、あるいは誰にも起きるというわけにはいかない。

機会費用を忘れるな

最近私が投資先会社の取締役になるのは、その会社が(ここが重要だが)何らかの波乱に見舞われ、不当な攻撃を受けているときだけだ。

そういう場合には、自分の投資とほかの株主の利益を守るために取締役会に加わる。自分が投資しているポートフォリオ企業ではないスタートアップの取締役になるのは創業者が親しい友達であるか、その会社に私が強く共感している場合だ。人生は短い。時間には限りがある。昨今の取締役の報酬は非常に低く、投資家に対するリターンとは比較にならない。もちろん取締役会に出ることで数百ドルの報酬を余分に得るのは悪いことではない。しかし取締役になれば2、3年の間にトータルで50時間から200時間を食われる。これは機会費用として非常に大きなものとなる。

機会費用というのは、単に投資家としてでなく人生で非常に重要となるコンセプトだ。そこで少し詳しく説明しておこう。私の定義では機会費用とは「誤った時間の使い方をしたために生じた損害の額」だ。

たとえば、スタートアップのCEOがフリーランスのデザイナーに1万ドルのデザイン料を払うのを節約するために毎週20時間で10週間デザインを習ったとする。一見するとこのスタートアップは大金を節約できたように思える。しかし本当のところはどうか？

これは簡単に計算できる。このCEOはデザインを学ぶために200時間を使ったわけだが、その時間を会社自体の改良に使っていたらどれだけの価値を生んだだろう？

まず創業者は、見込み顧客に対してコールドメール（飛び込みの営業メール）を書けたはずだ。エンジェル投資をしてくれる可能性がある多数の投資家に300通のメールを出せば1通20分として100時間だ。そのうちトップ50人と会えたとしたら、移動時間も含めて1回2時間として100時間。都合200時間となる。こうしたプロモーションが最終的に成果を上げる率が1ないし2パーセントだとして300通のメールは3人から6人のエンジェル投資家の関心を呼び起こしただろう。エンジェル投資家は普通2万5000ドルから10万ドル程度を投資する。つまり300通のメールは10万ドルから25万ドルの投資をスタートアップに呼び込む可能性がある。

そこでこの結果を比較してみよう。一方は1万ドルを節約した。一方は10万ドルかそれ以上の資金を獲得した。どちらが賢い時間の使い方だろう？　もちろん後者だ。われわれのCEOがデザインを習うのに使った時間は非常に大きな「機会費用」となるわけだ。創業者は時間の使い方を誤って大きな無駄を発生させたことになる。

しかし創業者には過去の実績がなく、かつスタートアップのデザインが悪過ぎてエンジェル資金を集める段階に達していない、といった場合は別だ。この場合には300通のメールが生み出す投資はゼロという可能性が高い。逆にデザインの改良はエンジェル投資を受ける段階にプロダクトを進歩させる。300通の投資勧誘メールがすべて無駄に終わったなら、これも莫大な「機会費用」だ。デザインを習って自分でプロダクトを改良するというのは「ただ働き」による資本蓄積の一種（第7章参照）と見ることができる。

限られた時間とエネルギーをどのように配分するのがもっとも効果的かは、投資家として、創業者として、ひとりの人間として、たびたびそこに立ち返って考えねばならない課題だ。

配分すべき時間を考えないことは往々にして非常に大きな損失と後悔をもたらす。それがスタートアップであれ結婚であれ友人関係であれ、後先を考えずに時間と精力を使えばやがて必ず心身を疲れ果てさせることになるだろう。

読者は地下鉄、バス、空港どこでもいいが、あたりを見回し、大勢の人々の「機会費用」はどれほどかを考えてみるとよい。

私は苦闘しつつこの本を書きながら何度となく「本の執筆は私にとっていちばん効果的な時間の使い方だろうか？」と自問した。書くために何カ月も費やし、プロモーションにも莫大な時間を使うのに誰も読もうとしなかったら？　この本に費やした何百時間と何万語を別の目的に使っていたら？　しかしこの本に私が書いた「秘密」を読者が共有し、利用してくれればそれがなによりの報酬だ。情報やテクニックは身につけるのに何十年もかかり、書くのに半年もかかったものだ。これらが私に莫大なリターンをもたらしてくれたことは保証する。この本がきっかけとなって読者からひとりでもビリオネア、いや10分の1ビリオネアでも100分の1ビリオネアでもいいが、エンジェル投資の成功者が出てくれるなら私の喜びはこれに過ぎるものはない。大成功した場合は、プライベートヨットに私を招待して豪華なフルコースのディナーをご馳走していただきたい。そしてシャンペンで乾杯するときには、この本を読むまで、忘れっぽかったか臆病すぎたかで、機会費用について真剣に考えたことがなかったと告げてもらいたい。

私はこの本が本人、家族、友達の生活を一変させたとメールが来るのを楽しみにしている。私はいつか必ずそういうメールを受け取ると確信している。なるほど読者は今これを読んで笑っているかもしれないが、読者の中にはやがて本当の舞台に立ち、次のグーグル、フェイスブック、アップル、ウーバーを建設する肝っ玉の座った男女がいるはずだ。

私の最初のアドバイザー報酬

2004年に私は文無しで何か始める必要に迫られていた。私の最初のスタートアップ、『シリコン・アレー・レポーター』という紙の雑誌は捨て値でダウ・ジョーンズに売った。7年分の労働に対して2年分の報酬を得たのがやっとだった。私は付き合っていた女性（今の妻）と共にニューヨークからカリフォルニア州サンタモニカに移った。私の経済状況は薄氷を踏むような具合だった。

マーク・ジェフリーは私がテクノロジー業界に入ったときに何かと世話をしてくれた友達だ。そのマークが、ビジネス向けソーシャルネットワークのゼロディグリーズの創業者で、パートナーのジャス・ディロンを紹介してくれた。私はこのソーシャルネットワークをその半年前、2003年に発見していた。リンクトインの創業に先立つこと半年、フェイスブックが大学以外に一般公開される3年前のことだった。リンクトインがシリーズB（2回目）のラウンドでVC向けに今や伝説となった「ライバルを一覧するスライド」をつくったが、こうしたスライドもゼロディグリーズがパイオニアだった。

この会社で私はアドバイザーを務めた。つまり隔月に一度、マリーナ・デル・レイのザ・リッツ・カールトン・ホテルで朝食を取りながらジャスとミーティングした。私はプロフェッショナル向けソーシャルメディアというこの新しいカテゴリーのプロダクトに対して意見を述べた。

2004年にゼロディグリーズがバリー・ディラーのIACに売却されたとき、私は手書きの小切手で1万6000ドルを受け取った。忘れられない驚くべき経験だった。他人が苦労して立ち上げたスタートアップからこんな具合に報酬を得られるとは！　私はもっと多数のスタートアップに関わっていこうと決心した。

セービングズでさらに経験を積む

2年ほどして私は、創業したブログ会社をAOLに売却した。これで私はメディアや投資家かいわいから大きな注目を集めることになった。SEM（検索エンジン・マーケティング）とSEO（検索エンジン最適化）を組み合わせ、コンテンツを販売するスタートアップを立ち上げる能力があるとみなされたからだ。

その頃セービングズという小さな会社がサンタモニカにあり、私が月2200ドルで借りていた2寝室の小さなアパートの近所にオフィスを構えていた。セービングズから「取締役になって知恵を貸してほしい」と頼まれた。

取締役の大部分はベンチャーキャピタリストだった。この退屈な取締役会は私が参加したことでぐっと活気づき、起業に役立つミーティングになったと思う。私は単にマーケティングの専門家というだけでなく、CEOのモチベーションをアップするグルでもあるという評価を得た。

セービングズはやがてもっと大きなライバルに買収され、私は取締役会に10回顔を出した報酬として15万ドルを受け取った。アドバイザー料としてはゼロディグリーズのときの10倍だ。

私は世の中のハシゴを上り始めていた。

ダインはすごいダイナマイトだった！

2012年の4月21日にカイル・ヨークからメールを受け取った。ヨークはシリコンバレーでは誰ひとり聞いたことがないニューハンプシャー州のスタートアップ、ダインで働いていた。ダインでは最初の資金調達ラウンドを計画しており、スタートアップの方向と資金調達計画についてアドバイスしてくれるヒモ付きでない取締役を探していた。彼らは「シリコンバレーでいちばん大口を叩いているのは誰だろう？」と考え、その結果私が選ばれたようだ。

メールには「われわれは売上だけでなく利益でも数百万ドルのレベルに達しています」と説明されていた。このメールはうれしい驚きだった。発射前の宇宙ロケットに乗り込める機会はそうあるものではないが、ダインはすでに地球を飛び出して衛星軌道を回っているようだった。それならますます貴重なチャンスだ。

「きみたちのロケットがもう衛星軌道に入っているなら、イエス、ぜひ私も乗せてくれ」と私は返事した。その後2年ほど私はダインの取締役として、セービングズの場合とほぼ同様のサービスを提供した。取締役会に出てみなを活気づけ、希望を注入し、マーケティング戦略を伝授した。やがて運営するポッドキャスト、ブログ、小さなカンファレンス、そして例の「風変りなタクシー会社」への投資のおかげで私はシリコンバレーのいわばミニ・セレブになった。私は全力でダインの売り出しにかかり「アメリカ北東部のグーグル」というキャッチフレーズを考え出した（このキャッチは後まで有効だった）。

2年の任期を終えたところで私はストックオプションの権利を行使して株式を買い取った。じきにストックオプション行使期限が切れる時期だったからだが、これは相当の支出になった。実際何万ドルという額だった。その後、この会社は成功するという私の確信はすぐに実証された。わずか3カ月後、ダインは6億ドルでオラクルに買収された。

私は50万ドルに近い額を得た。ゼロディグリーズのアドバイザーのときと比べるとほぼ30倍だ。セービングズの取締としての報酬と比べても3倍だった。ゼロディグリーズでもセービングズでも私は投資家ではなかった。

そういうわけで、取締役になるのに絶好の機会だから、アドバイザーになれるチャンスがあったらぜひなるべきだ。ただ小さいスタートアップでこつこつ10年も取締役を務めねばならないかもしれない。しかもスタートアップがもっと大きい会社に買収されたとき、大きい会社は私を取締役として必要としないということもあり得る。

昔に比べれば今は私のビジネスの世界での評価もずいぶん上がったと思うが、それでもツイッター、スナップチャット、グーグルといった巨大上場企業から取締役になるよう依頼されたことはない。私はまだ上場企業の取締役の経験がないのだから、理解できないこともない。しかし、こうした会社の取締役は、私の職業的目標のリストの上のほうに位置する。というのも、ずいぶんくだらない人間が有名な会社の取締役会に入り込んで、たとえばアメリカのヤフーをめちゃくちゃにしたときのような決定をしているからだ。

私が投資したポートフォリオ企業が上場すれば、私も上場企業の取締役になるチャンスを得られるかもしれない。もっとも今のところは、未公開企業への投資をひとつずつこなしていくことにしよう。

ある衝突

シカゴで開かれたカンファレンスにモバイル分野のスタートアップについて話をしに行ったときのことだ。私は地元の起業家から連絡を受けた。この人物は、自身が始めたギフトカードのスタートアップに加わるよう数カ月前から私に働きかけていた。

この人物を「アレックス」と呼んでおくことにしよう。

アレックスは（私と同様）ギリシャ系で、自分のスタートアップに情熱を傾けていた。私はランチを共にすることを承知した。遠慮なく言わせてもらえば、趣味の悪いスーツを着たモバイル広告事業のスタートアップの幹部たちとホテルの宴会場で干からびたチキンの脚をつつきまわすのと、熱心なスタートアップ創業者と地元のレストランでギリシャ料理を食べるのでは選択は後者に傾く。

起業家の若者は目いっぱい張り切っており、世界征服の一大計画を持っていた。そのスタートアップはネーミングが最悪で、その他にもあまり魅力のない部分があったものの、全体として見どころはあると感じた。私はシリコンバレー以外のスタートアップに投資することはまずない（第5章参照）が、アレックスは私にアドバイザーになってほしいということだった。つまり投資を求めているのではなかった。そこで私は申し出を承諾した。

その後2年ほどわれわれは定期的に電話で話をした。私はアレックスにシリコンバレーのトップクラスのベンチャーキャピタリストを紹介した。また優秀なアドバイザーなら当然だが、創業者からの依頼にはできるだけ応えるようにしていた。

アレックスは繁盛している生鮮食品店の御曹司だった。インスタグラムに自家用機からクラブで空けたシャンペン、有名ＤＪとのツーショットなどを大量に投稿していた。要するにやり手だった。

ビジネスには十分将来性がありそうだったが、ブランド名が長すぎ、発音しにくすぎだった。私は繰り返し「このビジネスのメジャーリーグに入りたいなら、もっと洗練されたブランド名を考えないといけない」と忠告した。

ある日、彼は驚くべきニュースを伝えてきた。彼は5文字のドメイン名を手に入れることに成功したという。ここでは仮にMoney.comとしておこう。

私も大喜びした。当面このサービスはギフトカードを扱うだけだが、将来ビジネスを拡張するためにMoney.comのようなドメイン名は絶好だった。つまりブランド名を変えずに他分野に進出できる。アマゾンというブランド名が優れているところは、通販以外の分野に進出し、キンドル、ファイア、ＡＷＳ、エコー、アレクサなど新しいサービスを始めてもブランド名を変える必要がないところだ。どんなプロダクト名であろうとアマゾンの後に続けて違和感がない。

アレックスはやがて有名なヒップホップ・ミュージシャンでビジネスマンのジェイZを私のようなアドバイザーに加えることにしたと自慢した。彼はジェイZが本名のショーン・カーターとして署名した書類を見せてくれた。ジェイZはこの名前のブランドを非常に慎重に扱っていることを知っていたので私は仰天した。いったいどうやってアレックスはギフトカード再販売ビジネスにジェイZの興味を向けさせられたのだろうといぶかった。私はアレックスのやり手ぶりに感心し、バカにできない能力だと思った。

何年かしてアレックスは、「ジェイZがアドバイザーとしての株式オプションの権利行使の書類を期限までに出さなかったから、オプション付与をキャンセルした」と言ってきた。私は当惑した。有名人を口説いてアドバイザーになってもらった後で形式的な問題を言い立てて追い出すのは非常にまずいやり方だ。

テレビ番組をつくるときにスティーブン・スピルバーグに「制作総指揮」に名前を貸すよう頼んでおいて、いざ番組がヒットすると約束を反故にしようとするのと同じだ。そういう真似をしてはいけない。それはケチくさい小物のやり口だし、評判がすべての世界でそんなことをすれば身の破滅になりかねない。

私は新しいベンチャーキャピタリストが「アレックスが以前結んだ損な契約」を片っ端から破り捨てにかかっていることを発見した。ジェイZほどのスターを平気で下水に投げ込む連中なら、もうひとりのアドバイザー、ジェイソンC、つまり私だって放り出すかもしれない。

私は新しいベンチャーキャピタリストと少々やりあった。ともあれ私の契約書は署名もしてあった。私は書類の提出期限などひとつも遅れなかった。しかし相手は、私が「アドバイザーとしての義務を十分に果たしているか」という議論を始めた。最後に連中は私がアドバイザー報酬を保持するためには何人かの社員をリクルートしなければならないと言い出した。まるで私がデベロッパーのヘッドハンターであるかのような言い草だった。

そんな条件は金輪際飲めない。

結局、われらがギリシャの同胞、アレックスは不快なニュースを自分で直接伝えるだけのガッツもなかった。会社の最高財務責任者に命じて私の持ち株の権利をすべてキャンセルさせた。アレックスは私に当然の権利がある株式の75パーセントはおろか、名目的な10分の1さえよこさなかった。

私はアレックスを訴えることもできたが、そうはしなかった。私はエンジェル投資家、アドバイザーとして成功を収めていたので、ここへ来て創業者ともめごとを起こすのは気が進まなかった。実際、アレックスや仲間の投資家は私が訴訟を起こさないだろうとタカをくくっていたふしがある。

私はこのエピソードは省こうかと思った。しかし私が創業者にひどい目に遭わされたのはこのときのたった1回なので、やはり重要な記録としてこうして書き入れた。読者の参考になればさいわいだ。それに私は今でもアレックス自身には好感を抱いているし、彼のビジネスが成功すればよいと願っている。この本を読んでアレックスが連絡してきてくれればうれしい。ギリシャ風コーヒーとフライパンで焼いたギリシャ風チーズをおごってくれれば、大人らしく水に流してもいい。

ともあれアレックスには将来優れたCEOになる素質があると思う。トップクラスのヒップホップのスターと自分から熱心に頼み込んだアドバイザーをだます度胸があるなら、金をつくる能力はあるのだろう。ただしファンや友達は失いそうだ。

この話のポイントは、アドバイザーに対する株式報酬は決して約束されたものではないということだ。未公開企業というのは何でもありのゲームだ。ルールは少なく、パートナーをだましたり、出し抜いたりする方法は無数にある。マーク・ザッカーバーグがフェイスブックの初期に経験した数多くの訴訟、和解を思い出してみるといい。こういう問題がいかに醜いコースをたどるかわかると思う。

われわれは優秀な弁護士に頼んで明確かつ抜け道のない契約書をつくってもらう必要がある。また、パートナーを選ぶときにはどんなに慎重にしてもし過ぎることはない。

しかしそうした手を尽くした後でもわれわれを嵌《は》めにかかる相手は出てくる。それが金、権力、そしてなかんづく会社の株が持つ魔力だ。資本政策表を見てほかのメンバーもたくさん株を持っていることを知ると、ひどい悪事を企む人間が出てくるものだ。

4 打数3安打なら悪くない

ダイン、ウェルスフロント、セービングズの創業者との経験を振り返ってみると、いずれも実り多いものだった。向こうも私をアドバイザーに迎えたことを喜んでいたし、以来誠実に付き合ってくれている。私が提供したサービスに不満を申し立てて私が得るべき株式を奪おうとしたり、すでに結ばれた契約を再交渉したりしようとした者はいない。

それどころか、セービングズとダインの創業者はスタートアップが成功したことによって私も十分な報酬を得られたことを誇りにしている。われわれは共に勝利したのであり、共に将来に向かって進んでいる。

アドバイザー、エンジェル投資家として成功と失敗を繰り返すと、優れた創業者を選び、ろくでなし、未熟者、無能な者を見抜く目が養われる。

繰り返すが人生は短い。時間を無駄にしないためにはまっとうな人間とだけ付き合うことが大切だ。もしひどい嵌められ方をしても、そいつを人生から永久に厄介払いすることができた小さな代償だと思うようにしよう。

第10章

大学新卒でもエンジェル投資家になれる

ポーカーテーブルのカモ

もし人生がやり直せるなら、私は大学を出た後すぐにエンジェル投資の世界に飛び込みたいと思う。20代の私はテクノロジーに関して相当の切れ者で、マイクロソフトからシスコまで将来大きくなる会社を見分ける能力があった。

親たちに言わせれば「ずっとコンピューターで遊んでいた」おかげで、コンピューターのエコシステムもよく知っていた。マイクロソフトにとってＷｉｎｄｏｗｓはＤＯＳから飛躍する大きな一歩であることはまったく当たり前のことに思えた。ＤＯＳのコマンドライン・インターフェースはコンピューターにある種の秘密クラブのおもむきを与えていた。そこにマウスとＧＵＩ（グラフィカル・ユーザー・インターフェース）は、コンピューターをマクドナルドも同様身近な存在にした。1980年代当時、父親のバーが景気のいい土曜日に稼いだ1000ドルや母親が看護師として昼夜2つのシフトを掛け持ちして貯めた金のいくぶんかを元手に、私がマイクロソフトの成長に賭けていたら、20年後の今頃われわれは大富豪になっていたはずだ。

1984年といえばDOSベースのPC jrコンピューターにマイクロソフトBASICがカートリッジで提供されていた頃だ。マイクロソフトが上場する2年前に、たとえ1000ドルでも株を買えたならミリオネアになるのに十分だっただろう。

ではなぜそのチャンスをつかまなかったのか？　私は週に60時間も「コンピューターで遊んで」いたので十分なインサイダー情報があった。しかし考え方が貧しく、その結果私は貧しいままだった。

この本の読者なら、たとえ大学を出たばかりであっても、500ドルから1000ドルくらいの金をかき集めることができるはずだ。統計によれば、アメリカ人はケーブルテレビに毎月平均して100ドル支払っているという。逆にウーバーのようなライドシェアリング・サービスに登録すれば1時間に18ドル稼げる。アメリカ人は平均して毎日5時間テレビを見ているそうだ。そこでもしテレビを見るのを5年間やめることにして、その5時間の半分をライドシェアリング車の運転で稼ぎ、半分を投資先会社を探すために使ったらどうなるだろう？　驚くなかれ、毎年1万5000ドルかそれ以上のエンジェル投資ができる。

1社あたり2500ドル投資するなら年に4件の賭けができる。テレビを5年我慢するなら20件だ。投資先の1社の株価が100倍になったら？　いや1000倍になる可能性だってないわけではない。

うまい話ではないか！

しかしわれわれの大部分は、社会、両親、友達によって無力な存在となるよう条件づけられている。われわれは余暇にはソファに寝転がってぼんやテレビを眺め、自分の未来を切り開くために積極的な賭けに出ようとは決してしない。そしてしだいに憂鬱になっていく。

遮眼帯をかけられた馬のようなものだ。睡眠薬を飲まされ、だまされているのだ。要するにまんまといっぱい食わされている！

アメリカの大企業はわれわれがぼんやりテレビを眺め、おとなしく毎月の料金を払い、ネット広告をクリックすることを期待している。

映画『マトリックス』ではないが、こういう偽りの平穏無事から自分を引き離す決断が大切だ。ケーブルテレビ会社は「プレミアム・チャンネル・パッケージ」がたいへんお得だと宣伝するが、そんなものを契約したことで金持ちになった人間などいないという事実に向き合うべきだ。

金持ちになる方法はたったひとつ、賢明にリスクを選択する

ことだけだ。

未来はみなの手が届くところにある

私の場合、仕事といえるような仕事の2番目はアムネスティ・インターナショナルのオフィスへのコンピューター・ネットワークの設置だった。それ以前、この組織の10人ほどの上級管理職は2400ボー（ほぼbpsに等しい）のモデムとダイヤルアップ用の専用電話回線を使ってメールをやり取りしていた。われわれは全員のコンピューターにイーサネットカードを挿し、イーサネットケーブルを壁や天井に通してすべてのコンピューターをLAN（ローカル・エリア・ネットワーク）で接続した。

このときに使ったデバイスのベンダー、ノベル、ヒューレット・パッカード、シスコといった会社はお札を印刷しているも同様だった。シスコは1990年に上場し、誰でも株を買えるようになった。しかしこのときも私はバスに乗り遅れた。当時私は時給10ドルというい給料をもらっていたのでその40時間分をシスコに投ずれば1万株が買えた。37年後にこの株は30万ドルになっていた。シスコは上場後もそれだけ成長した。未上場企業ならもっと急速に成長できる。

人生をやり直せるものなら、私は大学を出たあと、名刺に「コンピューター・スペシャリスト、エンジェル投資家」と刷って、会う人ごとに有望なスタートアップを紹介してもらうよう頼むことにしただろう。有望なスタートアップを見つけたら――なにせ文無しだったから――IT（情報テクノロジー）に関する知識、技能の提供と引き換えに株主に加えてもらうよう創業者に頼んだと思う。

もしその投資が失敗しても、あるいは1件500ドルぽっちを投資するだけでエンジェル投資家と名乗ったことに世間に大笑いされたとしても、その過程で学んだものは大きかっただろう。大勢の優秀な起業家と知り合いになることもできたはずだ。

すでに成功を収めた人々にいち早く近づき、いわば「勝ち馬にのる」のが成功への近道だ。

第10章　大学新卒でもエンジェル投資家になれる

第11章

エンジェル投資のシンジケートをつくるには？

エンジェル投資家になる近道

エンジェル投資家として成功するには、数十の有望なスタートアップに投資することだ。そして有望なスタートアップがもっとも見つけやすい場所、つまりシリコンバレーで挑戦するのがよい。

もっとも、エンジェル投資を始めてみると、ミーティングでも会社の選択でも思ったようにことが運ばないと気づくだろう。新米だから仕方がない。

しかし、向こう1カ月のうちに10社のスタートアップに投資しなければならないとして、いちいち自分で会社を選ぶ代わりに、エンジェル投資を長年続けてきた経験者の後に付いていけるとしたらどうだろう？　これは非常にうまいやり方だ。

しかもノートパソコンを広げるだけで、1件あたりわずか1000ドルから投資できる。

10年前だったらそんなことは不可能だった。しかしこの5年ほどで、エンジェル投資家がシンジケートを組み、法律的に有効な組織、つまり特別目的事業体(SPV、Special Purpose Vehicle)を組成できるようなプラットフォームがいくつか現れた。

エンジェル投資シンジケート

アメリカにはエンジェルリスト、シードインベスト、ファンダーズクラブなどエンジェル投資のシンジケート(投資組合)をつくるためのプラットフォームがいくつかある。

こうしたサイトでは、実績あるエンジェル投資家がシンジケートを組織している。リーダーのエンジェル投資家は、自分が得意とする投資部門、過去の実績、典型的な投資額(1万ドルから10万ドル程度が多い)、投資が成功してリターンが出た場合のキャリー(リーダーが受け取る報酬)などを開示する。

キャリーは「キャリード・インタレスト(成功報酬)」の略で、リターンのうちファンドのマネジャー(シンジケートの組織者)の取り分を示す。

ウィキペディアを調べてみたところ、この術語の語源は16世紀にまで遡るそうだ。冒険航海の時代に、船長は船荷から上がった利益の20パーセントを船主から得たのだという。

つまりリスクを取って世界を回った（キャリー）ことに対する報酬だった。

エンジェル投資プラットフォームの場合、シンジケートのリーダーは通常15パーセントのキャリー（報酬）を得る。また、プラットフォーム自体が5パーセントを取るのでキャリーのトータルは20パーセントになる。20パーセントというのはベンチャーキャピタルが投資家、つまりリミテッド・パートナー（LP）から得るキャリーとちょうど同額だ。ただしひとつ大きな違いがある。それがフィー（手数料）だ。

ベンチャーキャピタルはリミテッド・パートナーに対して通常「20と2」を請求する。「20」というのはここで説明したキャリー20パーセントのことだが、「2」は2パーセントの「管理費」を意味する。ベンチャーキャピタルの管理費はLP、つまり投資家からファンドを運営するパートナーに対して先払いされる。この管理費にはオフィスの運営費（社員の給与、不動産賃貸料、光熱費など）に加えて高額のカンファレンス（TEDやダボスの世界経済フォーラムなど）に出席する費用が含まれる。

投資から収益が上がった場合、管理費はそこから投資家に払い戻される。それでも管理費を先払いしなければならないことはベンチャーキャピタルの投資家の間で問題視されている。たとえば、3億ドルのファンドの場合、その2パーセントの管理費は年額600万ドルだ。7年満期のファンドだとしたら4200万ドルとなる。ベンチャー投資家の多くはこの率は法外であり、減額されるべきだと感じている。

エンジェル投資シンジケートの場合、参加者は単にキャリーを支払えばよい。管理費は法律で必要とされる手数料や法務費用に限られる。これはシンジケート1件あたり1万ドル程度で、契約に参加する数十人の投資家に按分される。

エンジェル投資家は、たとえば私が組織したシンジケートに参加する契約にサインして1件ごとに少額を投資できる。ただし、メンバーはどの案件に対しても出資の義務を負うわけではない。メンバーが出資を決定した場合でも、当初は出資の約束（プレッジ）であり、シンジケートが実際に投資することになった場合のみ、その額を出資する。私のシンジケートの場合、最小額は１０００ドルだ。２５００ドルに設定しているシンジケートも多いが、これは冷やかしの参加を排除するためだ。

シンジケートのリーダーがスタートアップに投資を決めると、メンバーに対して詳しい情報が提供される。メンバーはオンラインで会社のプロフィール、スタートアップが用意した投資家説明用スライド、リーダーが投資に適すると考えた理由などをチェックできる。

シンジケートはスタートアップの創業者と投資額に対する持ち分割合を交渉する。額でいえば20万ドルから50万ドルで、これはシード（最初期）投資の10パーセントから50パーセントとなることが多い。シンジケートが十分な出資の約束を取り付ける（プレッジ）ことができれば投資が実行される。

ある案件でシンジケートのリーダー個人が2万ドルを投資するとしよう。シンジケートの参加者から30万ドルが集まれば、スタートアップへの投資額は32万ドルとなる。ではシンジケートによるエンジェル投資は、関係者にとってどういうメリットがあるのだろうか？

もちろん創業者はシンジケート投資を好む。実績あるエンジェル投資家が10人以上の少額投資家を集めてまとまった額にして投資してくれるからだ。

もうひとつ創業者にとって少なくないメリットは、シンジケートは資本政策表にはＳＰＶ（特別目的事業体）として記載され、株主として単一の主体となるという点だ。将来株主の承認が必要な事項が生じた場合、多数の個別株主からサインを集めて回る必要がない。創業者は、参加者を代理する権限を法的に有するシンジケートのリーダーのサインを得るだけでよい。

シンジケートを組織したリーダーも取り分を大幅に増やすチャンスを得る。たとえばこうだ。あるスタートアップに私が個人で２万ドルを投資し、シンジケートから集めた30万ドルについても20パーセントのキャリーで投資したとしよう。スタートアップが順調に成長して価値が10倍になったとすると、私はシンジケートのリーダーとして74万ドルを得られる。一方でシンジケートなしだったら20万ドルにしかならない。

それはこういう計算だ。個人の投資、２万ドルが10倍になれば20万ドルだ。30万ドルが10倍になれば３００万ドル、元の投資額を差し引いたリターンは２７０万ドルとなる。その20パーセントのキャリーは54万ドルだ。つまり私の取り分は合計で74万ドルになる。

一方、シンジケートのメンバーは（おそらくは）自分よりはるかに経験を積んだエンジェル投資家が選んだスタートアップに投資できる。もちろんリーダーが怠け者でスタートアップの審査も適当という可能性はある。たとえそうであっても、過去に実績を上げた投資家の後に付いて投資できるというのは、エンジェル投資の初心者にとって決して不利な要素ではない。しかも前に述べたように、メンバーはどの投資案件に対しても出資の義務はない。常に投資をパスすることが可能だ。

シンジケートがメンバーから得るのは投資が成功した場合のリターンの20パーセントのキャリーだけだが、これはサービスの対価として適当な割合だと思う。本書の執筆時点ではエンジェル投資シンジケートというのはまだ新しいサービスだ。こうしたシンジケートから平均でどれほどのリターンが期待できるかは今後明らかになっていくだろう。いずれにしても、こうしたシンジケートが実績あるエンジェル投資家の判断を効果的に組み入れて、リスクを低減させる投資の仕組みであることは間違いない。

実をいえばエンジエルリストのプラットフォームを利用して最初にシンジケートを組織したのは私だった。その後2年で50件の投資を実行したが、これはエンジェル投資の件数の新記録だ。投資総額は１２００万ドルになった。私はこのようなエンジェル投資プラットフォームを非常に高く評価している。多数の投資家が同じ目標に向かって力を合わせ、リーダーがそれを代表することによって大きな影響力を発揮できる。ポートフォリオ企業の数も評価額も増え、したがって成功のチャンスも増える。

もしシンジケートが20年前に発明されていたら、私は25歳、せいぜい30歳でエンジェル投資を始められただろう。当時私はエンジェル投資に100万ドルを投じるような余裕はなかった。投資に向けられる資金といえば、2万5000ドルからせいぜい5万ドルだった。

シンジケートというのはエンジェル投資に関する限り最大のライフハックだと思う。投資額が1000ドルだろうと1万ドルだろうとシンジケートのメンバーには投資額に応じて平等にリターンが分配される。またメンバーは投資の前にも後にも、スタートアップの創業者に会う機会がある。正しい質問をすれば創業者との関係を深いものにできるだろう。これはまた創業者にとっても非常に有益なフィードバックとなる。

こうした理由から、エンジェル投資を志す人間はまずシンジケートに加わって少なくとも10回は少額の投資をするよう強く勧める。独り立ちして自分独自のエンジェル投資を始めるのはその後だ。こうしたシンジケートに参加すれば、投資の成功によって多額のリターンを得るチャンスがある。

さらに、創業者に対して価値ある存在であることを証明し、人脈を築き、エンジェル投資家としての自身の実績を蓄積できる。それも2万5000ドル程度の出費で可能になるのだから大バーゲンだ。これはMBA（経営学修士）を取得するための費用の5分の1くらいだし、時間もひと月とはかからない！

シンジケートのさらなる利点

新米のエンジェル投資家としては、自分自身を教育しながら投資に対するリターンも狙えるというのはシンジケートの大きなメリットだ。しかもオンライン・シンジケートであれば、パジャマを着たままでも参加できる。別の本業を持ったままでもよい。

シンジケートなら書類作成も最小限だし、スタートアップに対するデューデリジェンス（背景調査）や創業者との面談も必要ない。アメリカ法における適格投資家であること、オンラインで資金振込ができることさえ証明できればよい。

2500ドルずつ10件の投資を実行すると、ほかの投資家と共に10社のスタートアップの資本政策表に株主として登録される。そればかりではない。10件の投資を実行してひと月もたてば、数百人の投資家、20人から30人の創業者のグループに加わっているはずだ（ほとんどのスタートアップには2人か3人の創業者がいる）。

リンクトインのメンバーであれば、10件の投資先をプロフィールに載せることができる。ツイッターやフェイスブックのプロフィールにも書けるし、もし月15ドルでスクエアスペースあたりからウェブサイトを借りているなら、そのバナーに載せてもよい（私はスクエアスペースに投資するチャンスを逃してしまった。しまった！）。

新米投資家が若い頃の私同様、張り切っていて図々しかったら、メールの署名欄に「x

x、yy、zz社に対するエンジェル投資家」と書いていばることもできる。

ともかくオンラインメディアのプロフィール欄に「エンジェル投資家」と書いたら、速攻で投資の勧誘が殺到するはずだ。

もちろん当初は実績がないのだから、投資勧誘の中身はろくでもないものが多いだろう。しかし勧誘が殺到するのは事実だ。（名門ベンチャーキャピタルの創業者）ティム・ドレイパーとかロン・コンウェイのような生まれついての投資家なら別かもしれないが、この世界のほとんどの投資家はみな、新米として経歴を始めるしかない。

それにテクノロジー・ビジネスでの最大の成功者は過去に何も実績を上げていない。グーグルの創業者、ラリー・ペイジとサーゲイ・ブリン、フェイスブックの創業者、マーク・ザッカーバーグを考えてみるとよい。

だから新米エンジェル投資家が、次のラリー、サーゲイ、マークに出くわすという可能性は十分ある。彼らがリンクトインなりエンジェルリストなりのプロフィールを見てコンタクトして来るかもしれない。次のグーグル、次のフェイスブックに最初の小切手を書くのは読者かもしれない。

いずれにしても誰かが小切手を書く。それが読者のひとりであってもいいのではないか？

第12章 ひと月目——まずは10件のシンジケート投資

——シンジケートを選ぶ

これまで見てきたように、シンジケートはエンジェル投資を始める上で非常に有効なライフハックだ。毎月、何十もの新しいスタートアップがエンジェルリスト、シードインベスト、ファンダーズクラブなどのシンジケートに登録している。

エンジェル投資家が特大のヒットを出すには、3年間にシリコンバレー（ロケーションは重要だ）の少なくとも50チームのスタートアップに投資する必要がある（リスクの分散）。これは毎月1ないし2チームのスタートアップに投資するペースだ。

50チームへの投資総額として150万ドルを予定する投資家なら、平均投資額は1社3万ドルとなる。ここで50社にまんべんなく投資するのではなく、45社に100万ドルを投資し、そのうちのトップの成績を上げた5社に10万ドルずつ追加投資ができるよう50万ドルを予備としておくのが賢明だろう。この方式だとトップ5社についてのリターンが5倍になるチャンスが得られる。トータル150万ドルの投資に対してトップ5社は15倍のリターンを上げる可能性がある。

投資家コミュニティでは、投資総額の元が取れて大型のリターンを得られる会社を「ドラゴン」と呼んでいる。だからエンジェル投資家の仕事は「ドラゴン」の卵を見つけることだ。

ただしまずは、経歴紹介に「実績ある著名なエンジェル投資家が数十人参加した有望なエンジェル投資10件を実行した」と書けるようにしよう。

では、登録シンジケートやその投資先紹介を検討する場合、どこを見たらいいか私の考えを述べる。

1

シンジケートのリーダーはエンジェル投資の経験が5年以上あり、そのポートフォリオには少なくとも1社のユニコーンが含まれていること。

2

投資候補のスタートアップはシリコンバレー所在が望ましい。

3

スタートアップには最低2人の創業者がいること（2人いればなんらかの事情でひとりが欠けても運営を続けられる）。

4

投資候補のスタートアップはすでにプロダクトなりサービスなりを市場に出していること（初心者がプロダクトなしの会社に投資してはいけない。正直言ってそんな会社に投資するようなリスクを取る必要はない）。

5

6カ月間連続して、（a）ユーザーが増加している、または（b）売上が増加していること。

6

著名な投資家が出資していること。

7

予定されている投資実行の後で1年半の運営資金が残されていること（この期間は一般に「ランウェイ（滑走路）」と呼ばれる。シンジケートのリーダーまたはスタートアップの創業者に何カ月のランウェイがあるか確認すること）

10件のスタートアップにそれぞれ2５００ドルずつ投資すると総額は2万5０００ドルとなる。目標が3年間で50件１５０万ドルの投資なら「チップスタック」の2万5０００ドルは2パーセントにしかならない。

本書で「チップスタック」というのは、投資に向けて準備した資金総額のことだ。もともとポーカーの用語で、1回のゲームでメンバーがテーブルの上に出したチップの総額を意味する。これはメンバーのバンクロールではないことに注意。バンクロールというのはメンバーの資産総額を言う。ポーカーであろうと実際のエンジェル投資であろうと、絶対にバンクロールをテーブルに載せてはならない。全財産をひとつのゲーム、投資に賭けることは回復不可能な破産の可能性を意味する。

バンクロールを賭けて失敗すれば、メンバーはゲームから去る以外にない。

ではバンクロールのうちで、テーブルの上に出せる適切な割合はどれほどだろう？ つまり資産総額に対してエンジェル投資に向けられる資金の割合だ。これは主として３つの要素が関係してくる。

1

資産総額のうち、「ヒモ付き」になっている額はどの程度か？ つまり向こう3年間で返済すべき奨学金の額、30年後に引退するまでに貯金しておくべき額、などを考える必要がある。

2

新たに金を稼げる可能性はどれほどか？ 25歳でプロバスケットボールのスターで年俸が1億ドルあり、さらにあと2年は同額で契約できる人間と、資産が１００万ドルの65歳の退職者ではまったく条件が異なる。

3

エンジェル投資にあてた全額を失っても耐えられるか？

大きなリスクを取って冒険するのが好きで、失敗しても10年間不自由に耐えられる自信があるなら、資産の10パーセントから20パーセントをエンジェル投資に向けてもオーケーだろう。リスクを取る必要性は理解しているが、特に好んでいるわけではないなら（それに10年間も金に不自由するのは困るというなら）、エンジェル投資は5パーセントが適当だろう。

ポーカーにたとえてみよう。ポーカーの初心者がこれからゲームを勉強しようというときに1ゲームが10万ドル、プレイヤーはワニやサメばかりというテーブルに座りたいだろうか？

私が言いたいのはそこだ。初心者はまずゲームのやり方を学べるようなテーブルに座るべきだ。

エンジェル投資家が金持ちで総資産が１０００万ドルだったとしよう。最初の10件の投資2万５０００ドルがことごとく失敗してリターンがゼロだったとしても総資産額の０・２５パーセントを失うにすぎない。社債や株式投資の平均リターンが年率４パーセントだったとすればこの程度の損失はひと月で取り返せる。

エンジェル投資家の総資産額が１００万ドルだったとすると、2万５０００ドルは2・5パーセントとなる。これを通常の社債、株式で取り返すとなると1年半かかるだろう。

ただ、どちらの場合でもこの程度の損失であれば、投資業界で言う「悪天候に耐える」必要が生じる程度の額だ。

シンジケートに加わったらどう行動すべきか

エンジェル投資家がシンジケートに参加したら、重要な決定ではリーダーに従うことになる。しかしこれは、受け身一方でいなければならないという意味ではない。投資家は自分自身で直接そのスタートアップに投資しているつもりで行動できるし、実際、そうすべきだ。スタートアップの創業者にとってシンジケート投資の意味は、大勢の少額の投資家をひとまとめにして、その代表ひとりを資本政策表に株主として載せるということだ。

資金を効率よく集められるということのほかに、創業者にはさまざまな法律的手続きでリーダー投資家の署名を得るだけですむというメリットもある。これはつなぎラウンドの実施、会社の売却などの重要な意思決定を行う上で重要だ。

シンジケートのメンバーは通常50人くらいだが、私の経験からすると、創業者はシンジケート参加者に大きな価値を見出す。創業者は2500ドルくらいしか出資していなくてもシンジケート参加者とのコンタクトを好むものだ。

というのは誰かがシンジケートで2500ドル投資したなら、将来「ゼロを付け足す」ことになる可能性が高いからだ。つまりスタートアップが離陸に成功した場合、次回は2万5000ドルを投資するかもしれないと賢明な創業者は知っている。

また、シンジケートに参加したメンバーは、スタートアップについてのニュースをリツイートしたり、たとえばリンクトインを通じて創業者に人材や顧客を紹介したりするといった大きな貢献ができる。メンバーはセールス、マーケティング、コピーライティングなど自分の得意分野の能力を役立てて創業者にアドバイスすることもできる。

簡単に言えば、シンジケートのメンバーは自分がほかのメンバーより価値ある投資家であることを示す競争に加わっている。シンジケートのリーダーより価値があるエンジェル投資家であると示すことも可能なのだ。

読者が成果をあげることを祈る。私は20年以上かけて創業者を助けるためのシンジケートというプラットフォームを築いた。読者はシンジケートづくりでも私をコピーする、それどころか上を行くことも不可能ではないだろう。だがこの点を詳しく説明するには別の本が必要になる。実際にエンジェル投資を始める読者が大勢出るようなら、私はそういう本を書いてもよい。

私は意味なくホラを吹いているわけではない。20年先を行っている私のような相手を追い越すのはそう簡単ではない。しかし「記録というのは破られるためにある」とも言うではないか。

それぞれの投資についてメモを残す

投資先として10社のスタートアップを選んだとしよう。それぞれの案件について「ディールメモ」を書くことが必要だ。これには投資先として選んだ理由、リスクについての自分の判断、スタートアップがリターンを最大にするためになすべきこと、などを簡潔に書いておく。

スタートアップが資金調達のために新たなラウンドを計画した場合、メンバーは「ディールメモ」を読み返し、自分の当初の考えが正しかったかどうかをテストする必要がある。スタートアップがブレークするとしても、その理由や様態について確実なことは誰にもわからない。しかし客観的にも投資家自身の主観的な考え方としても大きな傾向というものはある。

また、投資先として選ばなかったスタートアップについても「なぜパスしたのか」をはっきり書き留めておく。こうすれば、当初自分がいかに未熟だったか、その後どのように改善されたかがわかる。

シンジケートの一員としてスタートアップに投資する場合でも、一度は（二度の必要はないだろうが）創業者に直接会っておくべきだ。どんなみすぼらしいオフィスだとしても、オフィスを訪問しておくのはいいことだ。

オフィスに行けばその会社について非常に多くのことがわかる。あのアマゾンでは折り畳み椅子とドアの板に木の脚を打ち付けたテーブルを使っているというのに、そのスタートアップでは豪華な椅子やテーブルに大金を使っていないか？

それと投資先を決めるにあたっては創業者に将来性があるかを見極めることがもっとも重要な点だ。この点については、私の経験を含めて第17章で詳しく説明しよう。

ジェダイのフォースを使う

シンジケートはスター・ウォーズでヨーダが隠れ住んだダゴバ星のような存在だ。ここでは初心者が練達のエンジェル投資家から多くを学ぶことができる。しかもその過程で頭や手足を失うような危険を避けられる。シンジケートのリーダーに投資の理由をさらに尋ねるのもよい。創業者に会ってみるのもいいし、その顧客に会って話を聞くこともできる。つまり自分の足を切り落としたりせずにライトサーベルの扱い方を学べるわけだ。

私は2004年頃からロサンゼルスでよくポーカーをやるようになったが、ジェダイどころか新米のパダワンだったので、とうてい大物に太刀打ちできなかった。そこで私はハリウッドパーク界隈のせいぜい1ドルから2ドルのゲームに加わった。メンバーは社会保障小切手をもらっている年配女性が多かった。

経験から私は、こういうおばさんたちは用心深く頭がいいことを知っていた。何年も前から毎日10時間毎週6日ポーカーをやり続けている人々だ。

私はいつも40ドル分のチップを買った。2ドルのチップを20枚だ。そこで私は「ジェダイ方式」を発明した。

自分が賭ける番が回ってくるとプレイヤーは伏せてある2枚のカードをめくってみる。私はこのホールカードの端を親指で押さえてカードの印を自分でも見ないように隠しておいた。ご婦人方は私が自分のカードを見て勝ち目を計算していると思ったはずだ。しかし私が計算していたのはほかのメンバーの手の内と私がさらに賭け金を釣り上げたらどういう反応を示すだろうかという点だった。

なにしろ私は自分がどんな手を持っているのか、まったく知らなかったのだ。

もちろんこのテクニックはルーク・スカイウォーカーが目隠しでライトセーバーを使う練習をしたのと同じで、自分の手札以外の情報に頼らざるを得ないという欠点はあった。つまり自他がビッドするときにはほかのメンバーの態度、表情を読み取ろうとした。

何週間も続けて40ドルのバイイン（購入したチップ総額）を二度も三度も失うことが続いた。たぶんここで2000ドルから3000ドルをすったと思う。しかしここで学んだテクニックのおかげで、私はやがて西海岸で最大のポーカー・ゲームに参加できるようになった。つまり1回のバイインが2万5000ドル、200ドルから400ドルのノーリミットのテキサス・ホールデムだ。

ポーカーを始めたとき、私は始終40ドルをすっていた。ところが今はポーカーで20万ドルを稼ぐプレイヤーになっている。

私が言いたいのは、エンジェル投資家になるなら、まず賭け金が少額のテーブルで始めるべきだということだ。急がば回れだ。毎年10億ドル企業がいくつも誕生している。これはわれわれの生涯にわたって続くだろう。もしスタートアップのひとつが寿命を200年に伸ばす方法を見つけたら、毎年1兆ドルの企業が生まれる時代を見ることができるかもしれない。

投資メモを書き、投資先オフィスを訪問し、スタートアップの顧客とも話をするようにしていれば、最初は2500ドルの投資家であっても、最後には強力なジェダイに成長できる。この本はその方法を紹介している。しっかり読んでほしい。スタートアップのオフィスを訪問するどころか創業者に会うこともせず、まして投資メモも記録せず、1件5万ドルくらいを平気で投資しているエンジェル投資家を何人も知っている。

エンジェル投資は9時から5時の仕事ではない

私の考えでは、エンジェル投資家というのは教育者と同じで、天職ないし使命といったものだ。それはジェダイであるのと同じだ。エンジェル投資家はめぐりめぐって世界に大きな変化をもたらす可能性がある。だから熟慮して行動しなければならない。

数人のエンジェル投資家がテスラを支援した。その結果、世界は電気自動車を見直すことになった。数人のエンジェル投資家がツイッターに投資した。その結果、世界中でシンプルなツイートが社会に変革を起こし、それを加速することとなったのだ。

ツイッター――私の痛恨のエラー

実は私はツイッターへの投資チャンスをふいにしている。当時私は別のスタートアップの創業者だったので、愚かにも最良の投資先は自分の会社だと判断してしまったのだ。ある日曜日、私はツイッターの共同創業者のエバン・ウィリアムズとビズ・ストーンとブランチを食べに行った。そこで2人はツイッターの仕組みをデモしてくれた。エバンは「ジェイソンのアドレスにメッセージを送ってくれ。何を食べているか書くんだ。私もビズと同じことをする」と言った。

やがて私のブラックベリーがぶるぶると震えた。届いたメッセージにはエバンは豆腐のスクランブル、ビズはパンケーキを食べているとあった。

ここで私は「エバン、誰もビズが何を食ってるかなんて興味ないよ」と言った。思い出せる限り最高に愚かしい判断だった。

それまでテキスト・メッセージのやり取りには金がかかっていた。そこでテキスト・メッセージは何かしら重要かつ緊急性のある情報を伝えるときだけ使われていた。エバンとビズはまさにその点を中心にツイッターがいかに革命的であるかを説明した。メッセージの交換はウェブの仕組みを利用することで無料になるというのだ。エバンたちはキャリアと契約を結び、そちらから収入を得る。これが確実な収入源となる！

私はブログに夢中なスノッブだったから、その革命性がわからなかった。ツイッターが発明される少し前、私は創業したウェブログズ・インクをＡＯＬに３０００万ドルで売却したところだった。そこで私はウェブがどういう性格のものであるか世界中の誰よりもよく知っているとうぬぼれていた。

私のバカバカしい演説はこう続いた。

「エバン、いいかい？　ブログ記事でいちばん重要なのは中身だ。きみがやっていることは中身を抜いてタイトルだけを送信するということじゃないか！　どんなアホでも今はみな、ブログをやり始めている。しかもブログはこれまでの紙のジャーナリズムに匹敵する重要な存在になりつつある。それなのに記事のタイトルだけ送信するサービスなんて！」

エバンは私がどう間違っているか正確に説明してくれた。しかし私はエバンを途中で遮り、「ノー、ノー、エバン。間違っているのはきみだ。オレはツイッターみたいな意味不明なものにはぜったい投資しないね」といばった。

これが５０００万ドルの判断ミスだった。

ご、せん、まん、ドル、だ。

この手痛い失敗で私が学んだのは「どのプロダクトが成功し

そうか？」など私には絶対予測できないということだった。だから私は「どの人間が成功しそうか？」を判断する努力をしなければならなかった。

今考えればエバンが成功する人間であるのは明々白々の事実だった。ところが常に自分は正しくなければいけないという私のエゴと、何もかもわかっているという傲慢さが最初の特大ホームランを打つことを妨げた。

以来、私はどのプロダクトが成功しそうか推測するのは諦めた。その代わりに、私が持つ限りのジェダイのフォースを創業者を理解することに振り向けた。

これはうまくいったと思う。読者は私が犯したようなエラーを繰り返す必要はない。5000万ドルのエラーとなればなおさらだ！

第13章

2カ月目――30日間、創業者とミーティングを続ける

――いよいよネットワークづくりだ

シンジケート投資を10件決めたら、次はいよいよ人的ネットワークづくりに取り掛かる。シンジケートに加わっていればこういう自己紹介ができる。

「みなさん、はじめまして。私は〔ここに自分の名前を入れる〕です。私はエンジェル投資家で、10社のスタートアップに投資しています。この投資にはクリス・サッカ、ジェイソン・カラカニス、サイアン・バニスター、ナバル・ラビカント、ギル・ペンチーナなどのエンジェル投資家が加わっています＊」

さあエンジェル投資家としてデビューだ！

MBAを取るために苦労してビジネススクールに通うコストの何分の1かで、読者は今

やエンジェル投資家になれる。簡単だろう？　ただ問題は、まだ業界で名前がまったく売れていないということだ。しかしこの問題は毎日2回のミーティングを30日続けることで解決できる。

12人のエンジェル投資家と会う

残念ながら最高の投資案件は、エンジェルリストのような投資シンジケート、Yコンビネーターや500スタートアップスのようなスタートアップ・インキュベーターでは発見できない。最高の案件はひっそり隠れているのが普通だ。最高に有利な投資があれば、情報はあっという間にインサイダーの間に流れる。またエリート創業者は自分自身のネットワークを通じて一流のエンジェル投資家を集められる。

そこでエンジェル投資家となるには、自分自身の人的ネットワークを構築することがなんとしても重要となる。現代ではこのネットワークづくりを容易にするテクノロジーの革命が起きている。多少でも優秀な人物はみな、このテクノロジーを利用している。そのテクノロジーとは……メールだ。

訳注＊　クリス・サッカは元グーグルの法務責任者でウーバー、ツイッターなどに投資。サイアン・バニスターは本書の著者、ジェイソン・カラカニスと共にウーバーの最初期に投資した。ナバル・ラビカントはエンジェルリストの創業者、ギル・ペンチーナはイーベイ幹部で元ウィキアのCEO。いずれもエンジェル投資家として著名。

ステップ1：最初の10件のシンジケートで共同投資しているエンジェル投資家をスプレッドシートにリストアップする。1案件で50人は同じシンジケートに参加しているだろう。シンジゲート以外の投資家も十数人いるはずだ。投資先が10社だから、重複分を差し引いて600人ぐらいの投資家と共同で投資していることになる。この人々が人脈づくりの起点だ。

スプレッドシートには、投資家ごとにメールアドレスとリンクトイン、エンジェルリスト、ツイッター、フェイスブックという重要な4種類のURLを入力する。最初に連絡するときのメッセージはたとえば「ハロー、ジェイソン。私たちはエバン・ウィリアムズのスタートアップ、ツイッターに共同投資しています」といった具合に始める。

600人分の作業をするのに数日かかるだろうが、その間に、こうしたエンジェル投資家が世界に対してどのように自分を売り込んでいるか豊富な知識を得られるだろう。

ステップ2：次にツイッターで「共同投資家」という非公開リストをつくり、さきほどの投資家を全部加える。ブラウザにこのリストをブックマークしておき、毎日1、2回開いて眺め、「お気に入り」に入れたり、リツイートしたり、自分の感想を返信したりする。

これでシリコンバレーの大勢のインサイダーに接触する道を開く最初の「ソーシャル資産」ができた。

次にすべきことは、候補者の中でトップの、つまりもっとも優秀でもっとも影響力が強い投資家にコンタクトすることだ。その人はシンジケートのリーダーかもしれないし、シンジケートのメンバーの投資家かもしれない。

メールでもいいし、先ほど挙げたソーシャルメディアのプライベート・メッセージ機能を利用してもいい。以下は便利なテンプレート例だ。

ハロー、ジェイソン！　私たちはスタートアップX社に共同で投資しています。来週、コーヒーを飲みながら少しお話しする時間ありますか？　私は今後毎月2社のスタートアップに2500ドルずつ投資していく予定です。あなたと情報を交換していきたいのですが。よろしくお願いします。

〔自分の名前〕

先輩エンジェル投資家に会えたら、会話の目的はこうだ。

1　どんな会社に、どんな理由で投資しているのか？

2　スタートアップにどんな価値を提供しているのか？

3　自分自身が提供できる価値を相手に理解させる。

4　「最近は何に興味をお持ちですか？」と尋ねる。

5 「私は〔これこれの〕2社が非常に優秀だと思って投資しました。興味があれば創業者に紹介します」と申し出る。

6 紹介にあたっては「ダブルオプトイン（紹介前に双方に紹介を望むか確認する）」か「ブラインド（事前に確認しない）」か、どちらが適切か決める。

相手のオフィスないしその近くまで行き、かつ面談はできる限り短く切り上げる。相手には「お忙しいと聞いていますので、ご都合のよい場所と時間を教えてください。そこに出向きます」と伝えておくのがいいだろう。

なにごとにつけてそうだが、会ったら相手の人格や人間性に特に注意を払うこと。質問の回答は細部まで集中して聞くこと。また、重要な相手に会うときは必ず携帯電話をオフにしておく。

先輩エンジェル投資家と会うときは、自分がオーディションを受けていることを忘れないように。こういう場合、新参者はプロのエンジェル投資家として最高の姿を見せるよう努めねばならない。私が新参エンジェルに会うとしたら、忙しい時間を割くほどの価値を私にわからせる必要がある。前にも触れたように、最高の投資というのは、その存在すら外部では誰も知らないような案件だ。そこで新参のエンジェル投資家はシンジケートのリーダーなりに「次の投資に呼んでやろう」と思わせる必要がある。

い。私が紹介するとしたらレジットな、つまり本物の投資家だけだ。私のいう「本物」というのはこの業界で誰もが知っており、尊敬され、かつ礼儀正しい人間という意味だ。

こうした有名エンジェル投資家と会えたら、すぐに時間を割いてくれたことに感謝するメールを送っておく。このとき自分が投資しているスタートアップ10社にそれぞれのURLを加えたリストを添付しておこう。また。それらの創業者に会いたいかどうか尋ねておく。

こうした努力を重ねていけば、やがて必ず紹介を求められることになる。2500ドルのささやかな投資家にすぎないにもかかわらず、投資先の創業者に何人かの著名なエンジェル投資家を紹介できるのだ!

こうなれば新米投資家は、エコシステムの全員にとって価値ある存在となる。こうして提供した価値は将来10倍以上になって返ってくる。

最後に、スタートアップの創業者に対し「投資家を探しているか人的ネットワークを広げようとしているほかの創業者がいれば、すぐに紹介してもらってかまわない」とメールしておこう。ようするに「ブラインド紹介でよい。いちいち事前に私の意向を尋ねる必要はない」ということだ。

それでくだらない紹介がむやみに送られてきて困るようだったら、付き合う相手を間違えている。

25人の創業者に会う

10人ほどのエンジェル投資家に会えたら、「プライベートな投資案件」を探す準備をしよう。プライベートというのはつまり、エンジェルリストやファンダーズクラブのようなシンジケート、Yコンビネーターなどのインキュベーターのデモデーで公になっていないスタートアップへの投資ということだ。

じかに会った10人ほどのエンジェル投資家にメールであたってみるとして、2つのスタイルがあり得る。ひとつはたとえば、こうだ。

ジェイソン、先週はコーヒーに付き合ってくれてうれしかったです。そこであなたがテスラのエンジェル投資家でもあることを知りました。テスラの二酸化炭素を排出しない交通機関のビジョンをたいへん興味深く感じています。そこでイーロン・マスクに紹介していただけないでしょうか？　私はイーロンのビジョンに強く賛同しており、テスラのマーケティングとソーシャルメディアへのプレゼンスを高めるために有効なアイデアをいくつか持っています。

このテンプレートは要するに「ジェイソン、イーロン・マスクに私を紹介してくれ」という意味だが、そういうぶっきらぼうな書き方はしていない。簡潔なのがよいといってもなんの思慮も、相手にとってのメリットも感じられないメールではダメだ。そんなメールでは「こいつは自分のことしか考えてないな」と思われるだけだ。

人々は優れた、独創的なビジョンを持った人間に魅了される。ならば、どういう理由でそのビジョンを重要だと感じ、魅了されたのか簡単でいいから述べておく必要がある。またメールを見たエンジェル投資家はそのメールを「添付」して即座に創業者に紹介するかもしれないので、自分がどうやって創業者のビジョンを手助けができるかについても触れておかねばならない。

ネットワークづくりでエンジェル投資家に書くメールのテンプレートにはもうひとつ、シンプルかつ重要な文面がある。それは、こうだ。

最近なにか目が離せないようなものを見つけましたか？

10人のエンジェル投資家にこうしたメールを出せば、それぞれの相手から少なくとも2件のスタートアップについての情報が得られるだろう。こうして投資先を探すための次の25件の創業者とのミーティングの準備ができる。

こうなれば新米エンジェル投資家もすでにシリコンバレーの立派なインサイダーだ。自分が投資したスタートアップの創業者が資金調達中の創業者や今後創業を考えている人間を喜んで紹介してくれるようになる。私はこうしたプロセスを「信用を箱買いする」と表現している。

考えみるといい。ここまで来るのにわずか2カ月だ。適切な努力をすれば、驚くほど短時間で奥の院に入ることができる。

OK、自分の達成に感心するのはそのくらいにして先へ進もう。

仕事が山積みだ。

大量に「ノー」を言う

ふた月目には25人の創業者に会うことになると書いた。読者は創業者のプレゼンを聞き、短い質問をいくつもし、答えを詳しくメモする。最後に創業者はこの船に乗るつもりがあるかどうか尋ねるだろう。読者は「少し考える時間が必要だ」と答えるべきだ。絶対にこうしたミーティングで「イエス」と言ってはならない。投資するかどうか決めるにはスタートアップの背景調査と投資条件のチェックが必要だし、そういうことをきちんと心得ていることを創業者に知らせねばならない。投資候補25件にすべて当たった後で、全体を見渡し、いちばん有望な案件をひとつ選ぶのが正しい手順だ。

評価には苦労すると思うが、25案件をスプレッドシートに書き込み、「すごい」「良い」「平凡」などの評語を付け加えるのがお勧めだ。簡単で適用範囲が広い評語がよい。「平凡」ということは、ここには投資しないという意味だ。そこで「なぜ投資しないか」を簡単に書いておく。このスプレッドシートは6カ月後、1年後、2年後にチェックして予想が当っていたか外れたかを確認すること。自分の予測能力を知る役に立つ。

「良い」程度の案件にも投資しない。これにも「投資しない理由」を書き込む。「すごい」案件が4件あったとしよう。そこで「なぜこのスタートアップは成功すると思ったか」を書いておく。これでスプレッドシートの3列が埋まった。スタートアップの名前、評価、成功しそうな理由ないし投資しない理由だ。

繰り返すが、スタートアップが失敗する理由は無数にある。だからあるスタートアップに投資しないと決めたことで悩む必要はない。逆に投資すると決める理由はひとつか2つしかない。

トップの4社、つまり「すごい」と評価したチームについては2回目のミーティングを提案しよう。簡単なデューデリジェンス（これについては第24章で説明する）も忘れずに実行する。グーグルの（でも何でもよいが）スプレッドシートに4番目の列を追加し、「すごい」4社との2ラウンド目のミーティングでの新たな評価を書き入れる。投資するのはそのうちの1社だ。残りの3社については投資を見送った理由を書く。

カレンダー・アプリに定期的なリマインダーを設定し、6カ月ごとにこのスプレッドシートをチェックするようにする。5番目の列を追加し、投資しなかった24社の現状を書く。特にスタートアップが存続しているか、出資を集めることに成功しているかに注意する。

予測というのは、自分の過去の決定から学ぶプロセスだ。だから自分の決定をきちんと書き留めておき、後で定期的にその決定を振り返らないと予測に役立てることができない。

ひとつ警告。Yコンビネーターと500スタートアップスに参加したスタートアップは人為的な「投資の締切日」をこしらえて機会の希少性を演出するよう訓練される。これにうっかり乗せられてはいけない。Yコンビネーターのスタートアップに「われわれの投資ラウンドは来週クローズするので投資するか否かすぐに決めてもらいたい」と言われた回数は数え切れない。

このトリックはだんだんエスカレートして、いつだったか創業者に一度も会ったこともないスタートアップが投資条件を詳細に書いたタームシートを送りつけてきたことがある。バカバカしいことに投資額まで10万ドルと記入ずみだった。私はこういうやり方でビジネスはしない。私は創業者に「話はまず会ってからだ。アシスタントと話してオフィスに来る日取りを決めてくれ」と言っておいた。3週間後に彼らはオフィスにやってきたが、最初に「あと数時間でクローズする」はずだった投資ラウンドは依然として募集中だった。

いやはや。

いずれにせよ、プライベート投資の場合、エンジェル投資家の仕事はシンジケート投資の場合といろいろな面で正反対になる。シンジケート投資の場合、リーダーがすでにチェックずみのスタートアップから10社を選べばよい。しかしプライベート投資ではエンジェル投資家はもっと慎重に順序だてた仕事をしなければならない。

次にスタートアップのプレゼン・ミーティングではどのように行動したらよいか説明しよう。

では次の第14章から第24章までの内容をマスターすれば投資先を選び、最初のイエスを言うことができる。

なんだって？　そんなに大変なのか？

冗談を言っているわけではない。本当の話だ。しかしともかく先に進もう。

第14章

最高と最悪のピッチ・ミーティング

ピッチ漬けの日々

ちゃんと仕事をしているエンジェル投資家なら、スケジュールは起業家の短いプレゼンを聞くピッチ・ミーティングでいっぱいになる。ただし、どれほど特別な日々であっても、いつしか惰性になってくる。悪い習慣やプロ意識に欠ける態度や無関心が生まれ、さらには公然と人を侮辱することさえある。

若い頃に私は、ブルックリンで週に1~2回ボランティア救急隊の仕事をしていた。配車係からスタートして、最後は救急救命士になった。本部で電話が鳴ると大忙しになる。時には仮眠から目を覚まし、時には食べていたベーグルを放り出して「バス」に飛び乗る。緊急灯をつけサイレンを鳴らし、現場でどんな人が待っているのかを思いながら夜の街へと駆けつける。恐がっている人、けがをしている人、今にも死にそうな人――時には死んでいる人もいた。

初めて患者と接したとき、私より年上で経験のある救急士たちの仕事ぶりがまるでジェダイの騎士のように落ち着き払っていたのが非常に印象的だった。その一方、多くのベテラン救命士たちがジョークを言い合い、命令を守らず患者や家族に無礼な態度をとるのを見て実に不愉快になった。

ひとつの役割を担う時間が長くなると、それがパイロットであれ救命士であれ投資家であれ、習慣が強く表われてくる。成功するには良い習慣をつけ、悪い習慣がつかないように注意することが大切だ。

創業者たちは投資家ミーティングの内容を互いに教えあう。この業界では評判がすべてだ。人の力になり、存在感があり、思慮深い投資家なら評判は上がる。しかしプロ意識に欠け、横柄で、うぬぼれが強く、創業者のためにならないことに権力を利用すれば、評判は地に堕ちる。

優れた創業者なら投資してくれる人はたくさんいるので、読者が投資家として選ばれるには投資家ミーティングでしっかりと自分をアピールしておく必要がある。

私がピッチをした最高の投資家と最悪の投資家

2つ目の会社のアイデアを思いついたとき、果たしてベンチャーキャピタルたちがこの会社への投資に興味を示すのか、私は知りたかった。ベンチャーキャピタル2社とエンジェル投資家ひとりに「2行のメール」を送り、前の会社は設立後18カ月に3000万ドルでAOLに売り、今は新しい会社を立ち上げているところだと伝えた。

あきれるほど短いメールで前の会社をいかに早く売ったかを伝えれば、投資家は興味をそそられて返事をよこすことがわかっていた。最初に関心を示したベンチャーキャピタリストはセコイア・キャピタルのマイケル・モリッツで、数時間のうちに返信メールを送ってきて、さらに事務所に電話をかけてきて、そのうえ私の携帯電話にメッセージを残した。

そう、グーグル、アップル、シスコ、ユーチューブをはじめとするスタートアップに早期投資した世界最大級のベンチャーキャピタルが、一日のうちに3種類の方法で私のメールに反応したのだ。

セコイアがほかを大きく引き離して史上最高のベンチャーキャピタルであるのには理由があるのだ。

私の最初の会社に30万ドル投資したマーク・キューバンもその日のうちに返信してき

た。クライナー・パーキンスのジョン・ドーアも同じだった。

その後の数週間、私はどの相手とも複数回ミーティングをもった。セコイアは条件規定書を提示し、クライナーは2段階の出資を口頭で約束し、マークはその場で出資を約束した。

大物投資家3人がイエスと言い、全員あきれるほどフォローが早かった。

しかし、ひとつ興味深いことがあった。ジョン・ドーアがミーティング中に居眠りをしたのだ。

質疑応答の最中、うつろな目をしたジョンがわれに返って目を覚ました。私を含め部屋にいた誰も何も言わなかった。いや実際には気づかないふりをしていた。なぜならJD、つまりジョン・ドーアはレジェンドだからだ。グーグルとネットスケープとサンとアマゾンに出資した男。ベンチャー界の帝王だ。

奇妙な出来事はそれだけではなかった。ジョンは頭にひっかき傷があり何度かそこを触っていたし、腕は三角巾で吊られていた。骨折しているわけでもなく出血もなかったが、どこか様子がおかしかった。

ジョンが部屋を出ていったあと、彼の同僚が私を脇に呼んで謝った。その日の午前中、ジョンが自転車で転倒したと打ち明けた。ジョンは鎮痛剤を服用中で、パートナーたちはここに来ないように言ったが、それでもやってきたという。

なんということだ！

自転車事故にあったにもかかわらず、ジョン・ドーアは痛み止めを飲んで私のピッチ・ミーティングにやってきた。だから彼はビリオネアなのだ。

さて、私が出資契約をまとめていると、かつてセコイアがグーグルに投資したときに投資を見送ったという小さなベンチャーキャピタルから連絡があった。私がセコイアと合意に至りそうだという噂をエンジェル投資家から聞きつけたという。彼らを「エキストラ・ベンチャーズ」と呼んでおこう。

その会社はタームシートを出してもいいかと尋ねてきた――正式な投資の申し出だ。私はすでにセコイアからの出資を受けるという決断を下していたが、それでも会う意思があることを伝えた。若きパートナー――名前は伏せておく――とのミーティングは情熱的だった。彼は事がうまく運んだので、次のパートナーミーティングに来てほかのパートナーに会ってほしいと私に言った。

私はロサンゼルスに住んでいたが、友人であるエンジェル投資家の顔を立ててサンフランシスコへ飛び、スタンフォード大学近くのサンドヒルロードにあるエキストラ・ベンチャーズのパートナーミーティングに出席することにした。近くにセコイアがあるのでミーティングのあと、今度うちの取締役になるローロフ・ボタに会うこともできる。

当時はまだウーバーがなかったので、べらぼうに早いフライトを降りた私は疲れた体をレンタカー事務所まで引きずり車を受け取った。もともと朝型ではないうえにろくに眠れなかった私は、朝の5時に起きてからずっとイライラのし通しだった。

車を発進させようとしたとき、フライト中に入った留守電に気づいた。エキストラ・ベンチャーズ――私がピッチするために飛んできた二流ベンチャーキャピタルだ――でのミーティングを設定した若きベンチャーキャピタリストからだった。

その下っ端パートナーいわく、上司に話した結果、私のスタートアップはピンとこないという結論に達したので今日は来なくてよい、ということだそうだ。ハァ?! カッとなって母方のアイルランドの血が頭に上った私は、このパートナーとの対決を決めた。今書いていても、恥ずかしいほど常軌を逸した行動だ。

直接。

相手のオフィスで。

今すぐ。

ヤツのパートナーミーティングの真っ最中に乗り込む。

オフィスに着くと、受付係が誰に会いにきたのかと私に尋ねた。私は彼の名前を言っただけでなく、大きな会議室で10人ほどのパートナーミーティングの席に着いていた若い男を指さした。

彼は青くなった。パートナー全員が私を見つめるなか、彼が駆け寄ってきた。「メッセージを聞きませんでしたか? ミーティングはキャンセルになったんです。本当に申し訳ありません！」

私は構わず、どれほどヤツを間抜けだと思っているか、私がどう扱われたかを知り合いの創業者全員に言うつもりだと伝えた。彼は私に落ち着くよう懇願し、寿司を食べに連れていくと提案した。私の返事は誇れるものではない。

「私がここまで飛んできて人生の一日と数百ドルを無駄にしてこのミーティングに臨もうとしていることを想像もできないなんて、お前は大バカ者だ」

彼は割り込んできてこう言った。「おっしゃるとおりです。申し訳ありません」

怒りは収まらなかった。若い頃の私にはひどい習慣があった――バカな人間にそいつがどれほどバカなのかを説明せずにはいられない癖だ。それ以来、バカな連中に対応する最善の方法は、自分の会社に近づけないこと、可能であれば自分の生活に近づけないことだと悟った。

私はぶちまけ続けた。

「あんたがどれだけバカか教えてやろう。キャンセルする必要などなかったんだ。私にピッチをさせて頭をなで、私のアイデアはすばらしいと言えばよかった。それでほかのパートナーと合意に達しなかったと翌日私に言えばいい」

「おっしゃるとおりです」と彼は言った。

今に至るまで、相手の町まで行ったのにミーティングをキャンセルされたり、会社のロビーで怒り狂ったり、といったさまざまなエピソードもすべて、私が創業者とミーティングをするときの教訓になっている。なぜなら今の私はテーブルの反対側に座り小切手を書く――そして起業家の自尊心をくすぐる――立場になっているからだ。

そのあたりをこれから話してみたい。

第15章 ピッチ・ミーティングの前にやるべきこと

ヒント：グーグル検索だけではない

スタートアップ・ミーティングには、1回につき3時間を割り当てるべきだ。準備に1時間、創業者と会うのに1時間、事後検討に1時間。

創業者と会うときには事前調査が必要だ。その会社のプロダクトを精査する、対象となる市場を理解する、競合を調査する、誰が投資しているかを確認するなどだ。

情報には、自由に入手できるもの、彼らのプレゼンテーションの中にあるもの、公開されていないものがある。

フェイスブックは世界初のソーシャルネットワークではなかったので、彼らを調査する方法は山ほどあった。実際、マイスペース、リンクトイン、フレンドスターなどの実績のあるライバルがすでにいくつも存在していた。当時フェイスブックは特定の大学限定で「.edu」の付くメールアドレスがないと利用できなかったが、それでもピッチ・ミーティング前にこの分野を調査することはできた。

ウーバーやエアビーアンドビーのように、自ら市場をつくったり変容させたりしたケースでは、調査はずっと困難だ。フォードや地元のタクシー会社のやっていることはウーバーがやっていることとほとんど関係がないし、伝統的ホテルの宿泊客は、薄気味悪い小間物に囲まれながら、赤の他人の家に泊まろう、などという冒険心豊かな人向けのサービスに興味を持つタイプではない。

それでも、一度でもウーバーに乗り、どこかのエアビーアンドビーで予約した家に1時間でも滞在したことがあれば、この2社に投資したほかの多くの人たちよりずっと充実した調査をしたことになるし、創業者に与える印象も断然いい。

覚えておいてほしい。ライバルの投資家たちは創業者とのミーティングを軽く見ている。それは自分たちにはパワーがあると〈誤って〉思っているからだ。

あなたの仕事は小切手を書くことではない。その小切手を現金化するのにふさわしい創業者を説得することだ。

第16章

ピッチ・ミーティングで何をすべきか

最低でも1時間

直接顔を合わせるミーティングには、まるまる1時間は使うべきだ。ビジネスを理解するために十分時間を費やすことで、こちらが真摯に考えていることが創業者に伝わる。最近では、ミーティングに1時間かけるだけでなく、長引いたときに備えてそのあとの30分も空けておくようにしている。創業者にはしゃべり疲れるまでしゃべらせておく。2時間のミーティングも数多くあり、それ以上続いたことも何度かあった――本当のことだ。

私がこんなふうにしている理由は、創業者のためにいつでも時間を割くつもりがあることを知ってほしいからだ。私は「あなたがとても忙しいことはわかっているので、ご迷惑をかけたくありません」とよく言われる。しかし創業者と会うのは私の仕事だ。これ以上好きなものなどない！

これは口先だけではなく、心底そう思っている。誰かのアイデアやプロダクトやわれわれの未来について話すのは大好きだ。プロとして唯一それ以上好きなのは、実際にアイデアを実現し、自分が勝利チームになることだけだ。

ポーカー仲間は私がウェルスフロントやウーバーやサムタックの投資家であることを――私が言うよりも早く――誰かに紹介しようといつも躍起になっている。

時間の使い方をこうとらえることもできる。1回のミーティングを考えたとき、それが30分か45分か60分かはほとんど関係ない。なぜなら、ミーティング以外の調査や連絡に事前に2時間は費やしているからだ。30分のミーティングをすれば、そのスタートアップにかけた時間は2時間半。1時間のミーティングなら3時間。つまり全体で見ればほとんど違いがないことがわかるだろう。

相手に全神経を集中する

さて、ミーティングが始まる前にもう一度だけ携帯電話をチェックして、終了すべき時刻があればそれを伝え、ミーティングの進め方を尋ねる。私はこう言う。

「資料にそって説明を受けてからプロダクトを見せてもらうのと、ビジネスについて話を聞くだけとどちらがいいですか？」

これは、彼らが慣れている筋書きとは正反対だ。私の同世代の人たちはミーティングのやり方を指図したがる。投資家ミーティングもまさにそうだ。それにも一理あるが――投資家それぞれのやり方がある――私はそんな投資家を見て、「どうすれば彼らより自分の価値を高められるか」と考える。

あるとき友人でせっかちを自認する500スタートアップスのデイブ・マクルーアが、創業者のノートパソコンをひったくって勝手にキーボードを叩き、スライドをめくり始めたことを思い出す。またある時は、私のインキュベーターに入るためにスタートアップが集まってピッチをするLAUNCHフェスティバルで、デイブはツイートをし続け、壇上でピッチしている創業者にまったく注意を向けなかった。デイブはわれわれの専門家審査員のひとりだった。

最近のエンジェル投資には10人以上参加するのが普通なので、デイブと私は厳密な意味でライバルというわけではないが、ふたりとも投資の機会をできるだけ増やそうとそれぞれのブランドをつくろうとしている。

デイブのブランドが崩壊すれば私のブランドに注目が集中するから、ありがたいわけだが。

ペンと紙を忘れずに

というわけでミーティングの席に着いたら、自分はビデオに撮られていて夜のローカルニュースに登場する、と思って行動すべきだ。集中してノートとペンを持ち、社会人らしくメモを取る準備をしておく。ノートパソコンでメモを取ってはいけない。もちろんタブレットとスタイラスペンでメモを取るようなオタクになってはいけない。

ゆめゆめスマートフォンでメモを取らないこと――無知なマヌケにしか見えない。大人は紙でメモを取ってあとで見直す。ノートにメモを取ることで、読者が相手のプロダクトやビジョンを永遠の記録に残す価値があると考えていることが伝わる。

携帯はマナーモードに設定せよ

ミーティングが始まったら、「失礼、携帯の電源を切ります」と言おう。必要とされている人たちは携帯電話を切る余裕がある。なぜなら世界が待ってくれるからだ。必要とされていない人たちは携帯電話に出なくてはならず、呼び出す側の言いなりになるしかない。

このことをまだ理解できなくても心配はいらない。私もわかるまでしばらく時間がかかった。

コーヒーショップは最後の手段

コーヒーショップでミーティングをすることは許容範囲ではあるが、プロフェッショナルならきちんとした会議室が必要だ。実際、小切手を書こうという人間が会議室さえ用意できなければ、私なら不思議に思う。

実業家のバリー・ディラーの会議室には芯をとがらせた鉛筆と小ぎれいなメモパッドがテーブルの中央に置かれていた。超一流銀行のアレン・アンド・カンパニーとのミーティングでは、人に知られることなくウェイターを呼ぶボタンを見た。そういう経験をして以来、私は「会議室に用意しておくもの」に心を奪われている。

われわれの会議室には、生絞りのジュースとスナック菓子のバスケット、携帯電話の充電器、メモ帳、ペン、さらにはあらゆる端末をつなぐためのドングルを用意してある。私のアシスタントかチーフスタッフが部屋に客を案内し、パソコンをセットしてミーティングが始まる前に接続テストをする。そしてなによりも大切なのは、ヒップスター・コーヒーがいいかサンフランシスコ有数の茶葉でいれた紅茶がいいかと尋ねることだ。

私に会いにきてくれた人たちには、ミシュラン2つ星以上のレストランに来たように感じてほしい。そしてわれわれがプロフェッショナルであることを理解してほしいと思っている。

ぜいたくなオフィスで印象付けようとは思わないが、創業者には世界最高のエンジェル投資家と会っていることを印象付けたい――たとえ今私がトップ5かトップ10にすぎなくても。

細部が肝心だ。

最良の質問は相手の答えに潜んでいる

経験とともにわかったのは、最良の質問は直前の相手の答えに潜んでいるということだ。私はジャーナリストやポッドキャスター、そして投資家として、何千人もの人たちをインタビューしてきた。最良の質問は会話の中に姿を変えて隠れていた。質問リストのないインタビューでは、相手はアイデアをやりとりするディスカッション・パートナーになる。

パートナーの言うことを聞けば聞くほど、相手の話にのめり込めばのめり込むほど、あなたは会話の達人になれる。実はこの本には尋ねるべき重要な質問のリストを載せてある（第18章参照）。しかし書かれている質問内容そのものは、質問者の聞く能力と比べればさほど重要ではない。その場にいながら口を閉ざしていることは、成功する人にとっても容易ではないが、大きな成功を収める人たちはこの能力を持っていることが多い。

ポッドキャストのためにゲストをインタビューするとき、私はこのテクニックを徹底的に駆使する。ゲストの生の声を引き出すために「ソーラーは?」「食糧生産は?」など一語か二語だけの質問を投げかけたこともあった。

ミーティングではイエスもノーも言ってはいけない

ミーティングの最中にイエスかノーと言ってはいけない。私はそれをやって後悔した。ピッチ・ミーティングでイエスかノーと言うと、衝動的で思慮深くない人間に見られ、賢明で論理的であるべきエンジェル投資家としてはみっともない。

創業者は非常にカリスマ的で説得力があるので、通常の半分の給料でも一緒に働こうという人たちを集めることができる。多くの創業者に共通するスーパーパワーは説得力だ。そしてそのスーパーパワーの効果は、彼らの「現実歪曲空間」から離れるにつれて減衰していく。時間がたてばいっそう弱くなる。

すぐれた創業者はストレートに聞いてくる。

「仲間になってくれますか?」

「いくら投資してくれますか?」

最善の返事はこうだ。

「すばらしいミーティングだった。2～3日考えさせてもらって、月曜日にまた話そう。追加の質問があればメールする」

そのあと月曜日のTO－DOリスト項目を整理して、関心があるかどうかを相手に伝える。

もちろん、あと2～3回その創業者と会ってみようと思ったときは、次のミーティングで直接そう伝えればよい。

第17章

10億ドルの創業者を見つけるには

10億ドルの質問

いつもこう聞かれる。

「どうやって10億ドルの投資先を見つけるのか？」

10億ドルの会社を選ぶのではない。
10億ドルの創業者を選ぶのだ。

投資先をふるいにかける

5年前にエンジェル投資を始めたとき、2つのアドバイスを繰り返し聞かされた。

第一に、優れたエンジェル投資家になるためには優れたエンジェル投資家にふさわしいスタートアップを選ぶこと。すばらしい！　理にかなったアドバイスをありがとう、それではふさわしいスタートアップを探しにいくことにしよう！

第二に、聞くところによると、どの会社が停滞せず燃え尽きもせずブレークするかわかる人は、――それが仕事であるここシリコンバレーにも――いない。

優れたエンジェル投資家にふさわしいスタートアップを選ぶ必要があるのに、誰もそれを知るすべを持たない――誰もが認めていながら矛盾する2つの命題を前に、私はどう折り合いをつければよいのか？

もっとも、優れた創業者とスタートアップの中からどれが大成功を収めるかは誰にもわからないが、ポンコツで大成功の見込みがない創業者やアイデアは比較的容易にわかる、ということがわかってきた。

おびただしい数のスタートアップをより分けるために、私は2つの方法を使っている。まずスケールの小さなアイデアと元気のない創業者を除外する。そして、とてつもなくすごい創業者とスケールの大きいアイデアには倍賭けする。

どの会社が次のグーグルやウーバーやフェイスブックになるのかはわからないが、そうならない会社は自信をもって言える――だからそういうところと関わって時間を無駄にはしない。

勝者と大きな市場と明快なアイデアに的を絞る。ここまでが戦いの半分だ。

私はメールを受け取っても、すぐにミーティングの約束はしない。次のような質問を投げかける。「フルタイムの社員は何人いるか」「いくら稼いだか」「これまで資金調達の実績はあるか」「顧客はどうやって集めるのか」「そもそもどうしてこのビジネスを始めたのか」。フルタイムの社員数と資金調達の質問をすれば、会社のバーンレート（資金回転率）と銀行残高がわかる。ほとんどの創業者は、こうした数字を言ってみせると私を霊能力者だと思う。私に教えていない数字だからだ！

すぐに対面ミーティングをしたがる創業者は、有名か無知かのどちらかだ。両方かもしれない。

顔を合わせる前にこちらから詳しく質問することで、注目しているのは本質的部分であり、寂しいからミーティングをしたがっているわけではないことが創業者に伝わる。

エンジェル投資をするには、ある種の無慈悲さと自分の時間に対する無節操さが必要だ。それほど勝ち目が薄いからだ。投資先をひとつ選ぶのに少なくとも50人の創業者に「ノー」と言わなければならない。あるいは、私の受動的攻撃性が人を嘲るように「まだ早い」と言い出す。その一方で、投資先200社のうちの1社が、リターン全体の99・9パーセント以上を生みだす。

これについて少し考えてみよう。私が自分の仕事を正しくこなしていけば、エンジェル投資家として仕事をする10年間に1万社以上のスタートアップを検討し、そのうち数千社と対面することになる。これだけやっても投資できるのはわずか200回で、おそらくそのうち197、198、いや199回は私のリターン全体にまったくと言っていいほど貢献しない。

別の言い方をすれば、数千回のミーティングと数百万ドルの投資からなんの見返りも得られず、たった一度の賭け——大穴中の大穴——が私の投資額の5000倍のリターンを生み、標的の中心に刺さった矢を射貫いたウィリアムテルの矢をさらにもう一度射貫いたような男に私をしてくれる。

それがエンジェル投資だ。

できるだけ率直かつ簡潔に話を進めよう。なにしろ読者は最初の10件の投資先を見つけるために何千ものミーティングをこなさなくてはならない。そのひとつが5000倍になって返ってくるのは今年かもしれない！

この本を読んでいる誰かが必然的にそうなるとすれば、それがあなたでない理由はない、そうだろう？

スケーリングできるビジネスを探せ

この世界には2種類のビジネスがある。とてつもなくスケーラブルなビジネスとそれ以外だ。

独立企業、レストラン、バー、簡易宿泊施設、コンサルタント会社、アパレル業、地ビール製造など、この種のビジネスは――ごく稀な例外を除いて――読者と創業者がどんなにがんばってもスケーリングできない。

私の世界で言うスケーリングとは、数十億ドルの評価額を達成するという意味であり、それは数千万から数億ドルの売上を意味し、私の持ち株が100倍、200倍、あるいは500倍の価値になることを意味している。

たとえアカデミー賞を独占する映画をつくったとしても、私のお金が2倍から10倍になる可能性はわずかしかない。映画の出資契約は上限を切られていることが多く、そうでない場合でも、映画会社は定額で買い取った作品を配給しまくり、会計操作に気づかれないように細心の注意を払う。

知り合いの資産家曰く、「映画をつくって10億ドル稼ぐにはどうするか知ってるか？まず100億ドル用意するのさ」。別のハリウッド情報通は、金持ちが映画に投資する唯一の理由はクールなパーティに行くためだと私に言った。

さて、ビジネスがスケールするという意味を私が誤解しているとあなたは思っているかもしれない。マクドナルドやスターバックスやヨガウェアのルルレモンを大ブレークの事例と考えるだろうが、この手のビジネスはスケーリングが非常に難しく、企業価値が10億ドル単位になるまでには何十年もかかるのが普通だ。

富を築くために30年も40年も待てる人などめったにいない。5年か10年でなんとかしたいものだが、この本を読んで私の言うとおりにするならそれは十分可能だろう。

原子でできているビジネス（スターバックスやマクドナルドのようなレンガとモルタル造りの店）とビット（ソフトウェア）でできているビジネスとでは比較にならない。

スターバックスが顧客10億人を達成するために何万店舗も開店して、それぞれの店が1日平均500から700杯売る必要があると言われている。スターバックスは1971年創業だ。

フェイスブックがメッセンジャーを製品化したのは2011年で、2016年にはユーザー数10億人を達成した。このためにフェイスブックはインターネット上のサーバーにソフトウェアを載せ、インターフェースを数十カ国語に翻訳し、近代世界で売上に貢献できる人（事実上はインターネットを使える人）の100パーセントが直ちに利用できるようにした。

マクドナルドが今すぐ100万ドルの利益を上げるには、500万人から1000万人の人たちにあと1000万個ハンバーガーを売らなくてはならない。利益は1個につき10

セントだそうだ。スラックというソフトウェア会社は、チャットアプリケーションの「座席」を年間150ドルで売っているので、6000人か7000人の会社幹部に製品を売るだけでよい。ソフトウェアの販売と配布に必要な増加コストはゼロに近いからだ。

ソフトウェアは一度書いてしまえば、1000人が使おうと100万人が使おうとコストは事実上変わらない——しかし、ハンバーガーやカフェラテではそうはいかない。膨大な設備だけでなく、肉のために殺されたり牛乳のために苦痛を強いられたりする牛と、ハンバーガーを調理して偽りのスマイルと壊れた心で客に手渡す低賃金の人間が必要だ。

今あなたは、まだネットを使えない数十億人とフェイスブックがどうやってつながるのかと考えているかもしれない。しかし冷たい現実を語ってしまえば、その人たちは顧客としてほとんど価値がない。パソコンや携帯電話を所有する資力がないということは、ソフトウェアを買う資力もなく広告主に売る意味のある対象でもないからだ。

しかし嘆く必要はない。史上最高の起業家で篤志家のビル・ゲイツと妻のメリンダは、世界から悲惨な貧困をなくす運動の先頭に立っている。しかもなんと、成功する見込みだという。その暁には、さらに何十億人もの顧客に売ることができるだろう。

身につけた経験則を疑え

エンジェルとしての能力が高まるにつれ、あなたが創業者やスタートアップをすばやく選別できる能力も高まる。あなたはその能力を弱めないように注意する必要がある。

長年の間に身につけたルールや経験則が間違いを引き起こすことがあるからだ。

たとえば、以前会った猿まね製品をつくっている創業者が、しばらくして成功しそうにないことがわかったとしよう。次にマーク・ザッカーバーグを紹介され、フェイスブックの初期バージョンを見せられたとする。当時のフェイスブックはフレンドスターやマイスペースとあまり変わらなかったので、あなたは彼を詐欺師と思って見限っていたかもしれない。

そうやってあなたはチャンスを逃す。なぜならソーシャルメディアの世界は、フレンドスターやマイスペースよりもすっきりして理解しやすいデザインと、何億人ものユーザーに対応する技術チームをつくれる人物の登場を待っていたからだ。

世界はザッカーバーグのような人物が「きちんとやってくれる」のを待っていた。そしてザッカーバーグが「きちんとやる」ために、ピーター・ティールという男が会社の10パーセントを見返りに50万ドルを差し出したことはよく知られている。

アイデアや市場ではなく創業者を見よ

私は経営者を見て会社を選ぶ。アイデアや市場ではない。未来を予知できる人間はいないが、才能を見極めることにかけて私の能力は並外れていることがわかったからだ。「あなたのアイデアが成功するかどうかは知る必要がない。知りたいのはあなたが成功するかどうかだ」

これは私のブログで何度も何度も繰り返した言葉だ。エンジェル投資家として活動するには、人物とそのモチベーションを評価する時間をとることをお勧めする。自分にこう問いかけてみよう。

「もしこの人物の株を買えるとしたら、買うつもりはあるか?」

創業者の株を買う気にならないなら、その会社の株も買うべきではない——創業者とその人の会社との間に違いはなく、両者は一体不可分だからだ。

フェイスブックはザック、ザックはフェイスブック。ショーン・パーカーはザックの株が高いことを見抜いて自らフェイスブックの初代社長になり、ザックが特別であることを2番目に見抜いた友人のピーター・ティールのところへ連れていった。

人が重要なのではない。人がすべてなのだ。

第17章　10億ドルの創業者を見つけるには

第18章

創業者に尋ねるべき4つの質問

初デートを1000回

エンジェル投資家の人生でなによりも大切なのは、案件をふるいにかけることだ。その方法は案件を見つける、評価する、どの創業者に投資するかを決めるという3ステップである。

創業者と1時間ほど会うことは、エンジェル投資家が投資先を決める際にもっともよく使われるテクニックだが、もちろん唯一の方法ではない。中には賢い投資家の後についていき、ミーティングや案件のフローをまねるのが投資先を決める主な方法だというエンジェル投資家もいる。

別のテクニックとして、鍵になる評価基準を決め、それに基づいて投資先を選定する方法もある。創業者のプレゼンのスライドを調べると同時に、アプリストアのランキングやクオントキャストなどのトラフィック・モニターサービスが公開している情報をチェックするのもよい。

あるいは、巨大な名刺ファイルを駆使して、知っている創業者に投資するだけという投資家もいる。これは、イーロン・マスク（ジップ2とペイパルのあと、テスラとスペースXを創業）やエバン・ウィリアムズ（ブロガーからツイッターへ）、マーク・ピンカス（フリーローダーとトライブの後にジンガ）を知っていた投資家にとっては驚くほどうまくいった方法だ。

ただ、「知っている人物に投資する」方式は、史上最大のスタートアップを取り逃がすことを意味する。マーク・ザッカーバーグ、ビル・ゲイツ、エバン・スピーゲル、ラリー・ペイジは、最初の打席で場外ホームランを打った人たちだ――そのときの年齢はそれぞれ19歳、20歳、21歳、そして25歳だった。

ミーティングは重要であり無料だ。何度やってもよい。1時間のミーティングを週に10回というのがプロのエンジェル投資家として適度な目標だ。副業でやるなら半分でよい。

デートにたとえるなら、ミーティングはふしだらに、小切手を書くときは堅物になれ、というのが私からの最大のアドバイスだ。かつての私のようなあばずれになってはいけない。

私が創業者に必ず聞く4つの重要な質問を教えよう。この質問をする目的は、相手のビジネスを理解するためだけではない。自分自身が投資家への4つの重要な質問に答えられるようになるためだ。

1 この創業者はなぜこのビジネスを選んだのか?

2 この創業者はどこまで本気なのか?

3 この創業者がこのビジネスで成功するチャンスはどのくらいか――人生ではどうか?

4 成功したときの収益や私へのリターンはどのくらいか?

賢い話の聞き方

こうしたミーティングでのあなたの仕事は、コロンボを演じることだ。1970年代に始まり30年以上続いたテレビシリーズに登場する、控えめで常に過小評価されている刑事だ。あなたの仕事は、創業者のどこが間違っているかを指摘するために自分の投資家としての英雄的行動を引き合いに出したりしないこと、さらに悪いことに、創業者としての華々しい実績を語って賢さをひけらかしたりしないことだ。

こういうミーティングでは耳を傾け、口は閉じておくのがよい。刑事コロンボのように数秒足らずの簡潔な質問をして、答えに全力で耳を傾け、全神経を集中させて吟味しながら紙にメモを取る。

こうやって話を聞く狙いは2つある。ひとつは、創業者があなたに話を聞いてもらい理解してもらったと感じられることだ。

人は自分の話が熱心に聞かれていると信じられれば、もっと話したくなる。

理由はこうだ。あなたがセラピストにママについて話すと、「ふーむ……」と首をかしげながら同情の眼差しであなたを見つめる。そのあと「お母さんについてもっと聞かせて」とか「もう少し詳しく」あるいはシンプルに「あなたのお母さんは……」と続ける。

どれも短い答えだが、最後のが一番強力だ。宙ぶらりんであなたが話題を広げるのを待っているからだ。

目指すのは人気のテレビシリーズ、『哀愁のマフィア』のドン、トニー・ソプラノのセラピスト、ドクター・メルフィーだ。情熱と苦痛をあふれ出させるボスを目の前にして忍耐強く座り続ける。もしあなたが最高の聞き役なら、最高の投資家になるだけでなく、最高の友、最高の親、そして最高の人間になるだろう。

2つめは、失敗確率80パーセント、苦痛の確率100パーセントという起業になぜ創業者が情熱を燃やすのか深く考えれば、よりよい投資判断ができるようになることだ。

基本的に口を閉ざして刑事かセラピストのように耳を傾けていれば、どのエンジェル投資家よりもうまく4つの質問の答えを発見できるはずだ。

そしてヒットが増えてエラーは減る。

ゼロ番目の質問

創業者ミーティングの初めには、場を和ませる質問をして主役の緊張をほぐそう。「0・ジェーンとはどこで知り合ったんですか?」

創業者を紹介してくれたのが共通の知り合いなら、この簡単な質問をするだけですぐに共通の土台ができる。返ってきた答えを聞き、その答えを基に補足質問を組み立てる。創業者がジェーンと一緒に仕事をしたと言ったら、次の質問は「ジェーンと仕事を? どんな感じでしたか?」だ。

これはできるだけ少ない単語で何かを言うゲームだ。そうすることでこのミーティングの中心が自分ではなく、彼らであることを思い出させてくれる。しかも自分を賢く見せられる。スター・ウォーズのオビ・ワンか黒沢映画の三船敏郎の役どころのようだ。

創業者には次の4つの質問だけを聞く。この4つの質問の答えが、投資の決断にいちばん必要なことだ。われわれは1時間のミーティングの前半をこれだけに費やす。その後、深く切り込んでいく。

1 あなたは今どんな仕事をしていますか?

この漠然とした質問をするのには理由がある。「X社は何をやっているのか?」あるいは「なぜ私はX社に投資すべきなのか？」、あるいはもっと悪いが「これまで同じビジネスモデルで11社も失敗したのに、なぜX社は成功すると思うのか？」ではいけない。「あなたは今どんな仕事をしていますか？」と聞くのは、創業者と創業者の仕事を尊重しているからだ。これであなたが深く共感し、大切なのは会社が何をするか（たとえばグーグルなら「何かを探すのを手伝ってくれる会社」）ではなく、人間（ラリーとサーゲイはみんなが情報を速く見つけるのを手伝うソフトウェアを書いている）なのだと伝えられる。

2 ― あなたはなぜこれをやっているのですか？

ここでも、質問の焦点は創業者に当てられている。最初の2つの質問をすると、ほぼ間違いなく創業者たちの緊張がほぐれるのがわかる。彼らはリラックスして警戒を解き、私が彼らのことを気にかけていると感じる。コロンボも容疑者のオフィスを訪ねたとき、「殺しがあった日の夜、あなたはどこにいました？」ではなく「ところで、あなたはどんなお仕事をしてるんですか？」と聞いて相手に深く思いを寄せる。

コロンボと同じように、今私は殺人犯を探していて、容疑者を絞り込もうとしているところだ。

「なぜこれをやっているのか？」という質問に対して、最悪中の最悪ともいえる答えがある。よく耳にする最悪の答え、それは「お金を儲けるため」と「〈成功している会社の名前をここに挿入〉がまだやっていないから」の2つだ。

金のためにスタートアップを始めた連中は、将来もっと早く確実に儲ける方法がたくさんあることに気づくとやめてしまうだろう。大金が欲しければ、ひどく難解で需要の高い業種に特化した分野のワールドクラスのプログラマーになって、グーグルかフェイスブックから年間100万ドル以上の株と現金を10年続けてもらうほうがよい。それならマイナス要素はなく一日数時間働くだけで無料の食事が食べ放題だ。

ほかの大成功している会社がまだその機能を持っていないという理由で何かをつくっているとしたら、よほどの世間知らずか、おそらく単なるバカだ。私のところには何年も前から、グーグル検索のニュース版、ビデオ版、本と雑誌版などを目指すスタートアップが売り込んでくる。結果は知ってのとおりだ。

最近では「食料品のウーバー」「ヘリコプターのウーバー」さらには「買い物のウーバー」の熱心なピッチも聞かされた。

市場のリーダーのさらに前を行って成功したスタートアップもいくつかあるが、一般にその手のスタートアップは大手に潰されるか、わずかばかりの金で買収される。サマイズはツイッターが技術的に未熟でシステムを維持するのに精いっぱいだった頃につくられたツイッター専用検索エンジンだった。ツイッターは機能不足を補うためにサマイズを買収した。複数のフィードを一度に見られる高度なツイッター・クライアントのツイートデックも買った。しかし、買収の結果、サマイズとツイートデックの投資家が得たリターンは、この2社を買収したツイッターが手にしたリターンと比べてごくわずかなものだった。

業界のリーダーがいずれ手を出すことが不可避な機能をつくる「創業者」――カッコを付けたのには理由がある――の大きな問題は、ビジョンがないことだ。人生を賭ける仕事に本格的な製品やミッションではなく単なるひとつの機能を選ぶという行為は、真の創業者として不適格と言わざるを得ない。

イーロン・マスクはバッテリーパックをつくったのではない。まず車をつくり、最終的にソーラーや家庭用バッテリーを含めたエネルギーソリューションをつくり、この本が出る頃には、ウーバーのようなライドシェアリングサービスもつくっているかもしれない。

小さくスタートするのは構わないが、小さく考えてはだめだ。

「なぜこれをつくるのか?」に対する正しい答えは、個人的になりがちだ。トラビス・カラニックとギャレット・キャンプがウーバーをつくったのは、パリの技術カンファレンスに参加した際にタクシーが捕まらなかったからだ。イーロン・マスクがスペースXをつくったのは人類が生き残るためのバックアップ計画が欲しかったからだ。誰も知らないイーロンの当初のアイデアは、ブルース・ダーンの映画『サイレント・ランニング』のように、宇宙に大量の温室を打ち上げて生物圏の予備をつくることだった。それは興味深いアイデアというだけでなく、スター・ウォーズの5年前のことで、R2-D2の基になったドローンも考えられていた。

ザッカーバーグは女性とつきあうのが苦手だったので、相手の恋愛ステータスがわかるソーシャルネットワークをつくった。

ちょっと考えてみてほしい。世の中に生殖より大切なものがあるだろうか？　これはダーウィンの説でもフロイトの説でもないが、人類史上もっとも急成長している消費者製品ができたきっかけは、ザックの交際能力の欠落であり、主な目的はパートナーを見つけたり昔の恋人と再会したりしたいという人々の欲求だった（離婚調停書でフェイスブックが言及された回数がそれを示している）。

3 ━ なぜ今なのか？

これは最近シリコンバレーでよく耳にする質問だが、初めて聞いたのは友人のローロフ・ボタからだった。セコイア・キャピタルのベンチャーキャピタリストで、セコイアの「スカウト」にならないかと私を誘った人物だ。その後ウーバーとサムタックという私にとって最大となる2つの投資へとつながった。

この質問を分解して真の質問を取り出すとこうなる。

「なぜ今ならこのアイデアが成功するのか？」

ウーバーの場合は簡単だった。誰もが携帯電話を持っていてその中にはGPSが入っている。実際、ウーバーが参入する1年前に、ショートメッセージでタクシーを呼ぶサービスを試行した会社があった。ウーバーの「なぜ今？」は「テキスト・メッセージング」

だったが、それだけでは十分ではなかった。大きくて美しいタッチスクリーンを可能にした強力なモバイルCPUと、高精度のGPSがなければウーバーはなかった。

ローロフ・ボタが最初の出資者だったユーチューブの「なぜ今?」は、いくつもの要素と最悪の状況下で生まれがちな大成功が重なった結果だった。第一に、ドットコムバブルのあとに通信コストが急激に下がった。第二に、クラウドコンピューティングという新技術のためにストレージコストが下がった。第三に、ブログが本格的にスタートした。何百万という人々が毎週数千万本の記事を書き、ユーチューブはユーザーがアップロードしたビデオをほかのサイトに埋め込む巧みな方法を提供した——その結果膨大な視聴者を無料で獲得できた。

ユーチューブの前にもビデオ会社はいくつもあったが、いずれも通信回線とストレージの料金を徴収していた。つまりインターネットでビデオを配信したい人は、自分のコンテンツを急速に広める代償として1万ドルのサーバー料金を払う必要があった。逆にユーチューブは、ユーザーが投稿した大ヒットビデオに広告を載せ、見返りに1000ドルの小切手を送った。

ドロップボックスは私が主催するLAUNCHフェスティバルの1年目にデビューしたスタートアップで、やはりセコイア・キャピタルの出資を受けていた。彼らの「なぜ今?」はユーチューブと同じ——通信回線とストレージのコストの激減だった。

創業者はそんな「なぜ今?」という環境を、その奥深さを認識することなく手にしている。2004年にウェブログ・インクというブログ会社をつくったとき、私の信念は実にシンプルだった。優れた新人ライターが未編集の短文記事を1日5本投稿すれば、名のあるジャーナリストの書いた記事を編集者5人が編集して週に1本出すよりも多くの読者を得られるはずだと私は考えた。

初めてこれに気づいたとき、私はまったく当然だと思ったが、ニューヨーク・タイムズの記者でさえ理解できなかった。われわれのブログ、エンガジェットがラスベガスで行われていたコンシューマー・エレクトロニクス・ショー（CES）を初めて取材したとき、伝説的ITジャーナリスト、ジョン・マーコフに会ったことを思い出す。彼はわれわれが何人でショーに来ているのかと聞いてきたので、15人と答えた。唖然とした彼はひとりで何回投稿するのか聞いてきたので、私は4回と答えた。

「CESだけで60本書くつもりなのか？」

「実はひとりが1日に4本。だから1日に60本の投稿になる。そちらはどのくらい？」

彼はジャーナリストを3人連れてきていて、来月にかけて2本か3本ずつ書く予定だと答えた。つまり、むこうは6本で、こちらは1日60本×5日間——計300本だ。

ある意味で「なぜ今？」はビジネスについて聞けるもっとも重要な質問だ。なぜなら、この業界には同じアイデアを何度も繰り返そうとする人たちが絶えず出てくるからだ。

グーグルは12番目の検索エンジンだった。フェイスブックは10番目のソーシャルネットワーク、iPadは20番目のタブレットだった。大切なのは誰が最初かではない。市場が熟したとき、誰が最初になるかだ。

4 ━ あなたの不当なまでの優位性は何か？

急成長スタートアップの創業者には、不当ともいえる優位性があることもよくある。グーグルにはスタンフォードとのつながりがあり、才能豊かでアルゴリズムを書けるエンジニアリングの天才があふれていた。フェイスブックはザッカーバーグがまだハーバードの学生だったときにスタートし、キャンパスカルチャーの知識と学生名簿を活用して、あれだけの規模のオンライン・ソーシャルネットワーク構築の手法を学んだ。マーク・ピンカスがジンガを立ち上げたとき、フェイスブックと複数年のクロス・プロモーション契約を結び、驚異的ペースで成長するフェイスブックと共に進むことができた。メアリー・ゲイツはＩＢＭのＣＥＯと共に慈善団体ユナイテッド・ウェイの役員を務めていた。これがきっかけで、息子のビルの新会社、マイクロソフトはＩＢＭ初のパーソナルコンピューターのオペレーティングシステムをつくることになった。

言い換えれば、この質問は「このビジネスを追求するうえで、あなただけに与えられた特別な資格はなんですか？　既存勢力と俊敏な後発の両方に打ち勝つ秘密はなんですか？」という質問をひと言で聞いていることになる。

時々、この質問の答えを持たない創業者がいる。それは構わない。これは過去を振り返ると答えられるような質問だ。

学んだことは何か？

次の4つの質問をしたあと、あなたはこの人物が何をつくっているのか、なぜつくっているのかをかなりよく理解できているはずだ。

この「創業者への4つの質問」は、すべてのエンジェル投資家が投資を始める前に自問すべき「投資家への4つの質問」に答える絶好の出発点にもなる。覚えておいてほしい。知りたいのは次の4つだ。

1 この創業者はなぜこのビジネスを選んだのか？
2 この創業者はどこまで本気なのか？
3 この創業者がこのビジネスで成功するチャンスはどのくらいか——人生ではどうか？
4 成功したときの収益や私へのリターンはどのくらいか？

30分間に4つの質問をしたあと、あなたはなぜ創業者がこのビジネスを選んだのか、なぜ今うまくいくのか、そしてもちろん、彼らが何をつくっているのかを強く実感できるだろう。

おそらくまだわからないのが、彼らがビジョンを実行する計画の詳細、市場開拓戦略、どんなチームをつくるか、競合の状況、ビジネスモデルの細かいあやなどだ。

こうした質問の答えは、ミーティングの後半で見つけることになる。

われわれは創業者の生い立ちもわかっていない。自分が付き合おうとしているのがどんなタイプの人物かを知るために聞いてみたい、ハイレベルですこぶる個人的な質問がいくつかある。

ここにいるのは、ママとパパのお金で「創業者」の役を演じている信託ファンドボーイなのか？

ここにいるのは労働者階級に生まれた娘で、両親がタクシー運転手と掃除人をしているのを見てスタンフォード大学に行けばもっといい生活ができると思っているのか？

この創業者の両親はともに訴訟弁護士で、雇用から投資や顧客の獲得まで人生のあらゆる局面を、結局は双方に勝ち目のない痛々しいほどのろのろと進む大きな訴訟と見ているような人物なのか？

それは次章で解き明かすことにする。

それでは尋問……いや……ミーティングを続けよう。

第19章 さらに深く切り込む

次に聞くべき5つの質問

前章ではスタートアップへの投資を考える際、創業者に尋ねるべきもっとも重要な4つの質問についてかなりの時間を割いた。

それぞれの質問に創業者が答える時間は5分ほどで、60分のミーティングのうち約30分をこの質問にあてられる（エンジェル投資ミーティングに「ちょっとコーヒーでも」はない）。

注意——創業者の話を聞くときは、紙とペンでメモを取ること。ノートパソコンやｉＰａｄに打ち込んではいけない。ｉＰａｄでメモを取るとマルチタスク自慢のダサいオタクに見えるので、大人らしく洗練された筆記用具と高級なノートを使ってメモを取ってほしい。こういうことが重要だ。見る人は見ている。

さて、書き留めるのはデューデリジェンス（資産評価手続き）でも取り上げられるかもしれない重要事実、以前の会社の名前や競合相手、集めた顧客数などだ（詳しくは第24章）。

創業者が耳慣れない業界用語やキーワードを使ったときもメモしておくとよい。たとえば私がウーバーに投資したときには「メダリオン・オーナー」*という言葉が何度も出てきた（後に私はそれが誰で、どう稼ぎ、なぜ彼らが市場の効率を大きく下げているのかを調べた）。

重要だがミーティング前半の大切な時間に創業者の話を遮るほどでもない、という質問も書き留めておくべきだ。

おそらく初めて聞く技術用語の省略形（たとえばMVP――実用最小限のプロダクト）や、聞いたことのない理論（ダンバー数、トロッコ問題など）について書かれた本の名前を耳にしたことがあるだろう。それも書き留めておき、あとでこんなふうに創業者に聞く。

「トロッコ問題についてですが。申し訳ありませんが聞いたことがありません。それはなんでしょうか？」

企業名であれテクノロジーであれ理論であれ、私は知らない言葉はひとつ残らず創業者に質問する。これは3つの点で役立っている。第一に、よく考えていると思われて点数を稼げる。第二に、彼らの説明がうまいかどうかがわかる。そして第三に、私が賢くなれる。

創業者と話していると、私が彼らのビジネスについて詳しいのでよく驚かれる。私の評

訳注＊ メダリオンは自治体がタクシー1台ごとに発行する営業許可。

価はアウトサイダーから業界でもっとも思慮深く知識のある戦略家へと変わっていく。たとえスタートアップに投資した資金の半分を失ったとしても、それによって私が得られる膨大な教育効果のために投資を続けるだろう。

さて、新米投資家としてミーティングに臨んだ読者は、おそらく私が前に話した「耳をすまし、口は閉じておく」ルールを破り、やってはいけないと警告した愚かな行為を繰り返すだろう。創業者の答えに不必要な意見を挟む。些細な質問を書き留める代わりに口に出して話を遮る。前章で二度繰り返した「投資家に聞く４つの重要な質問」の回答に必要な最重要情報を集める貴重な時間を無駄にする。ここでもう一度繰り返しておこう。

1 この創業者はなぜこのビジネスを選んだのか？

2 この創業者はどこまで本気なのか？

3 この創業者がこのビジネスで成功するチャンスはどのくらいか――人生ではどうか？

4 成功したときの収益や私へのリターンはどのくらいか？

この広範囲にわたる詳細な質問に答えるには、創業者に本当の自分をさらけ出させる必要がある。読者がミーティングの前半で５パーセント以上の時間話していたなら、やり方を間違えている。それでは投資の決断に必要な情報を引き出すことはできない。

４つの質問を聞くには１問あたり10秒あればいい――合わせて１分もあれば十分だ。残りの29分は話を聞いてメモを取るべきだ。

私はしゃべらないように自分を鍛えた――読者が私と同じタイプなら簡単なことではない。やり方はこうだ。腕時計を見ながら「少なくとも3分間は創業者の話を遮らない」と自分に言いきかせる。これがうまくいった。やがて5分か10分は黙ってメモを取りながら、次期ジェダイの騎士のように創業者を観察していられるようになった。

ミーティングの前半に、「なぜ？」を理解するための時間もとらずに質問を浴びせかけるのは、あなたが不平家だと創業者に知らせるようなものだ。最悪のシナリオは、「この投資家は資金調達ラウンドが終わったあとも、毎回割り込んできては話の腰を折るのだろうか？」と創業者が心配することだ。以前の私がそういう投資家だった。

そうなってはいけない。

しゃべらない方法を学んだら、今度は戦術的かつ個人的な情報を得るためにミーティングの締めくくりにあと10個の簡潔な質問をする。

ではミーティングの後半に入ろう。

戦術的質問

以下に挙げる簡単で戦術的な質問を尋ねれば、創業者がどうやってビジョンを実現するつもりなのかがわかる。ミーティングでこれを始める前には「ちょっとした戦術的な質問を2〜3させてください」と言って相手に心の準備をさせる。

相手が了解したら、あなたは山ほどの質問を浴びせる。「簡潔に」とか「手短に」などの修飾語を使って、あなたが短い答えを求めていることを伝える。

1 競合について教えてください。

2 どうやって利益を出しますか？

3 顧客にはいくら請求しますか？

4 平均的な顧客はいくら使いますか？

5 このビジネスが失敗する理由のトップ3を聞かせてください。

こういう質問は答えるのに手間のかかるものではなく、有能な創業者なら効率よく答えられる。エアビーアンドビーなら5つの質問にこう答えるだろう。

1 ホテルズとホームアウェイが2大ライバルです。ホテルズとホームアウェイはいずれも、エアビーアンドビーより料金がずっと高額です（通常2〜3倍）。

2 取引手数料を徴収します。

3 ホストから3パーセント、ゲストから10パーセントの手数料をもらいます。

4　平均宿泊日数は1・7泊、合計料金は225ドルで、その内40ドルをわれわれがもらいます。

5　規制が最大の課題です。第二の課題は部屋の在庫確保で、安定して高品質な体験を提供することが第三の課題です。

もしこれほどきっちりと質問に答える創業者がいたら、読者はなにがなんでも投資したくなるだろう。多くの創業者は、そしてほとんどの偽物は自分のビジネスを客観的に語ることができない——会社に取締役会があり、月次報告があり、投資家がいるのは彼らにウソをつかせないためだ。

私が見てきた多くの創業者は次のように答えた。

1　競合はいません。あるとすればクレイグズリストに「一晩カウチで寝られます」と案内広告を出す人くらいです。われわれのやっていることは誰も真似できません。

2　手数料を取り、広告を載せ、データをマーケターに売り、ソフトウェアも売るつもりです。あと、商品の販売もやります。

3　たくさん！

4　1カ月間泊まった人がいました。豪邸を1泊5000ドルで貸したホストもいて、先月は10泊売れました！

5 失敗はありえません。問題はこのビジネスがどこまで大きくなれるかだけです。

妄想は起業家の重要な能力のひとつだが、いつかは夢から覚めるときが来る。夢と現実は別物だ。

創業者がどれほどクレイジーであるべきかを理解するのも投資家の仕事だ。創業者というのはロックスターのようなものだ。パンクロッカーならヤクをやってホテルの部屋を壊したりするのも大目に見なければならない。ただしやり過ぎて死んだり逮捕されたりしないように面倒を見なければならない。映画『伝説のロックスター再生計画！』のアルダス・スノーを見れば理解できるだろう。

バーンレートを言い当てる隠し技

私は創業者とのミーティングで、彼らがいくら金を使っていて、いつ現金がなくなるかを正確に言い当てることがよくある。実は簡単なことだ。売上がいくらでフルタイムの社員が何人いるかを書き留めておくだけだ。

デルタ・コーポレーションというスタートアップが企業向けソフトウェアを売って月に1万ドル稼ぎ、シリコンバレーに正社員が5人いるとしよう。私は正社員を全部ひっくるめてひとりあたり12万ドル（月1万ドル）で計算する。年間給与15万ドルの開発者の隣に座って7万ドルもらっている非エンジニアがいるかもしれないからだ。福利厚生費や給与税も払わなくてはならない。

アメリカの別の都市の場合は少し減らして、たとえばアーリーステージのスタートアップの常勤社員なら給与は月額8000ドルでいい。

つまり、デルタ・コーポレーションは月に人件費が5万ドル、諸経費が1万ドルで支出総額は月に6万ドル。つまりバーンレートは5万ドルになる（すでにソフトを売って1万ドル稼いでいるので）。

私は会話中のどこかで、これまでいくら調達したかも質問している。1年前に100万ドル調達したとしよう。これで私は、彼らが毎月5万ドルずつ年間60万ドル使ったので銀行残高は40万ドルと推定できる。月に5万ドルずつ燃やしているので残るは8カ月だ。

創業者にはこんなふうに話す。「つまり君たちは毎月5万ドルくらい使っているのであと6〜8カ月くらいもつということだ。銀行にあるのは40万ドルくらいかな？」

彼らはびっくりして私を見る。どうしてわかったのか？

売上の成長を踏まえてこう付け足すこともある。「デルタ・コーポレーションは2カ月ごとに売上が倍増しているので、6カ月で損益分岐点に到達する。預金残高が8カ月分あれば、資金調達は必要ない、そうだろう？」

ここまで来ると創業者は動揺し始める。こう聞かれたこともある。

「誰かが当社の将来予測と損益計算書を送ったのですか？」

違う。

実に単純だ。注意深く話を聞き、数字を書き留め、おおまかな計算をしているだけだ。フルタイムでスタートアップの仕事をしている創業者の中には、私がミーティング中にやった簡単な計算さえせず、不意に資金が尽きるという例もある。

個人的な質問

創業者の人となりを知るために個人的な質問をすることがある。私がいちばん気になるのは「親は何をしてくれたのか？」だ。

かつては「両親について話してくれますか？」と聞いたものだが、ママが2人やパパが2人だったり片親だったりすることもあるので、今は創業者の「親」について聞くのが無難だ。

私の経験上、どう育ったかを話すことほど心が触れ合うものはない。この質問が20分間のすばらしい寄り道となって、ブルーカラー出身で両親が看護師と清掃員をしながらアイビーリーグの大学に通わせてくれた話を聞いたこともある。あるいは10歳のときに母親を亡くした話をする人もいる。

私がこの質問を好きなのは、創業者と親密になれるからだ。創業者の両親が子どもの進路をどう考えていたかは、創業者自身が自分の選んだ進路をどう考えているのかと同じくらい非常に重要だ。

たとえばこんなことを言う人がいたとする。両親は伝説的企業の創業者で、地下室で始めた会社を上場企業へと成長させるところを見ながら自分は育った。この話を元に投資判断をするか？　多分しないだろう。しかしどう育ったかを理解することで、その人にとって育った環境がどれほど重要なことだったかがよくわかる。彼らのスタートアップに対する取り組み方もわかるだろう。

シリコンバレーでは移民の子どもがもっとも貪欲で意欲的だと多くの人が考えている。たしかにそれも一理ある。しかしビル・ゲイツとマーク・ザッカーバーグは、アメリカ合衆国のさまざまなレベルの特権階級出身だ。

私は典型的な信託ファンドキッドを見たことがある。典型的悪徳資本家だった曽々祖父の子孫で、裕福な上流家庭に育ちながら並外れて気骨のある創業者になった。移民の両親を持つ創業者——もっとも粘り強いはず——が早々にスタートアップをあきらめて大企業に就職した例も見たことがある。

創業者の家族歴に基づく投資の絶対的ルールは存在しないが、この手の話から得られる情報を私は非常に有用だと思っている。

第20章

創業者か詐欺師か?

最後までやり遂げる

ITスタートアップの創業者は、60~70年代のロックバンドのメンバーのようだ。当時はリードボーカルやバンドの人間関係が映画やテレビ番組になったが、今はスタートアップがメインテーマだ。

ビル・ゲイツとスティーブ・ジョブズは私の時代の寵児だった。そのすぐあとは、ヤフーのジェリー・ヤンやアマゾンのジェフ・ベゾス、ネットスケープのマーク・アンドリーセンがそうだった。この5人がつくったスタートアップのうち、マイクロソフトとアップル、アマゾンの3社は今も世界最大級の企業だ。

そこへ登場したのがフェイスブックだ。映画『ソーシャル・ネットワーク』はマーク・

ザッカーバーグを有名にしただけでなく、最初の出資者だったピーター・ティールと八方破れのアドバイザー、ショーン・パーカーを伝説にした。

音楽CDは150億ドルを売り上げた1999年をピークに急降下を始め、その原因はテクノロジー、具体的にはインターネットの影響だった。収益が急落するにつれ、音楽アイドルも低迷期に入った。

そして音楽業界が低迷する中、われらが業界のトリックスター、スティーブ・ジョブズはiPodとiPadで彼らから王冠を奪った。アップルは文字どおりIT業界の冷笑の的――AOLかヤフー並み――から輝く星へとのし上がった。

スティーブ・ジョブズは、誰も見たことのない業界最強の紙幣印刷マシンをつくった。今やアップルが四半期に稼ぐ金額（780億ドル）は、世界の音楽業界が1年に稼ぐ金額（420億ドル）よりも多い。

この本の執筆段階で、スタートアップ創業者のあこがれの的はイーロン・マスクとジェフ・ベゾスだ。本が出版される頃には、ロボットがコーヒーをいれてくれる店、カフェXの創業者か、想像を絶する速さで問題を解いて世界の注目を集めるAIスタートアップの創業者が偶像になっているかもしれない。

誰もが創業者になりたがるが、その意味を正確に理解している者はいない。リーダーになってもろくなことはない。最終的に自分の実績だけでなく、チーム全体、市場、投資家、さらには顧客に対しても責任を負わなくてはならないのだ。

昨今、創業者を名乗る連中のほとんどは、創業者の役を演じているだけだ――それが何であるか知っているかどうかも怪しい。

責任を取るのは創業者だ。うまくいかなければ責められるのは100パーセント自分だ。

どうやって勝ったか負けたかなど誰も覚えていない。覚えているのは勝ち負けだけだ。

人が評価するのは結果だけだ。悪いことや訴訟が何年続こうとも10億ドルのビジネスをつくり出せば誰も気にしない。ザッカーバーグに聞いてみるといい。1000億ドルのビジネスを築けば、たとえそのために友達を裏切り、顧客をだましたとしても人は天才と呼ぶ（これもザッカーバーグに聞くといい）。

創業者であるということは、あらゆる難問を、説得してチームに入ってもらった最優秀な人たちでさえ解決できない難問までも、自分で解かなくてはならない人間であることを意味している。たとえばあなたのスタートアップに社員が6人いて、彼らに解けない問題が毎週3件ずつ起きるとする――2日に1回だ。これは、創業者であるあなたは毎月70件以上の難題に直面することを意味している。問題の多くは解決不能であり、それ以外に創業者として直面している問題がある。

もし病気になったり、くたびれたり、落ち込んだりしたらどうするか？　決まってる。

問題を解決しろ！

十分なリソースがなくて、最強のプログラマーが辞めてグーグルに行ってしまったらどうするか？

問題を解決しろ！

これまで誰よりも自分を支えてくれて、次のラウンドの出資も約束していた投資家が離婚訴訟を起こされると同時に、最大のポートフォリオ企業が株主訴訟されて顧客の90パーセントを失ったとしたら？　どうすればいいと思う？

問題を解決しろ！

新製品の発売日の翌日、特許ゴロが突然あなたを訴えると言ってきたら？

問題を解決しろ！

創業者になってもろくなことはないが、もしあなたがソーシャルメディアやテレビを見ている若者で、スナップチャットのエバン・スピーゲルがモデルと婚約して上場申請するところを見ているなら、何もかもバラ色に見えるだろう。

人々が光を求めて集まってくるのを見るのは、たとえ焦がされて最後には燃え尽きてしまうとしてもうれしいものだ。少なくとも彼らは何かをやろうとしたのだ。

しかし読者は投資家として、創業者の宿命である終わりなき惨劇に対応できない大勢の能なしには投資しないよう、注意する必要がある。

さて、エンジェル投資家である読者は、売り込んできた相手が詐欺師なのか創業者かなのかをどうやって見分ければいいのか、その方法について話そう。

創業者の見分け方

偉大な創業者であるための鍵となる資質は、自分のビジョンの世界が実現するところを見たいという飽くなき欲求だ。エンジェル投資家としてしかるべき頻度で創業者と会っていれば、彼らのスタートアップが自分にとって十分価値があるかどうかはすぐに感じ取れるようになる。

見つけ出すべきなのはこの創業者が苦しいときに逃げ出すかどうかだ。

銀行に３００万ドルあって、給与が最高で、無料の食事が出てくれれば、誰だって職場に来たくなる。この創業者は、もし金が底をついたら3カ月給料を返上し、無料の食事をやめて、今後数カ月間50パーセントの遅配をチーム全員に受け入れてもらうつもりなのだろうか。

スタートアップが潰れるいちばんの理由は、多くの人々が信じているのとは異なり、資金が尽きることではない。スタートアップが失敗するいちばんの理由は創業者が努力を放棄することだ。

これまでいろいろな創業者を見てきた。資金が底をつき、副業をして、会社を救うために給料を個人のクレジットカードで払った者もいた。

「偽起業家」という新種の連中がいる。頭の中はスタートアップの「ライフスタイル」でいっぱいで、簡単につくれるときには夢中になって会社をつくるが、グーグルで働くより安い給料なんて考えようともしない。

どこかのスタートアップの創業者が自分の報酬について「この前グーグルから提示された金額が欲しい」と話しているのを見たら、そいつはもっといいオファーを受けたらやめると確信できる。もちろん、グーグルで最高の給料をもらえるのは、あの会社には巨大な紙幣印刷機があって、文字どおり儲けた金の使い方を知らないからだ。

もうひとつの大きな危険信号は、資金を調達するまで働かない創業者だ。

あるいは、営業電話のような仕事をしたがらない創業者。あるいは、自分の生活にバランスを求める創業者だ。

会社が利益を上げないうちから、コーチェラやＴＥＤやＴＥＤｘなどのカンファレンスに行きたがる創業者も、投資すべき対象ではない。

投資家や顧客やチームメンバーを見つけるのに役立たないイベントで無駄な時間を過ごしている創業者を見るとうんざりする。そんなとき私は別の誰かに投資する。

同じことは、自分たちのプロダクトよりオフィススペースに金と時間を費やす創業者にも言える。

タージマハール症候群は、会社がピークに達したことを示す確実な兆候だ。アップルは自社の携帯電話とノートパソコンがもっとも忠誠心の強いファンたちから酷評されているときに、280万平方フィートの宇宙船型ビルディングを中心に据えた驚くべきキャンパスをつくっていた。これを知った私は首を左右に振った。スティーブ・ジョブズが亡くなったあとのアップル最高の作品が、新しい本社ビルでいいのだろうか？

まあ勝手にするがいい。いやはやだ。

シークレットではない

大きな危険信号が点灯するのは、創業者が早々に大量の自社株を売り、リスクと責任を投資家に押し付けたときだ。匿名で人を中傷するシークレットというひどいアプリの創業者2人が2015年にしたことがまさにそれだ。

報道によると、2人はシリーズBラウンドに参加した投資家や、アプリの成功に一枚かみたがる間抜けなベンチャーキャピタリストたちに300万ドルを要求した。アプリの成功は人を中傷することで成り立っていた。

ろくでなしたちは大金をせしめただけでなく、実際にフェラーリを買って社員や業界の人たちに見せびらかした。

大ヒットを飛ばしたときの最優先のルールは、じっと身をひそめて疑われるような金遣いをしないことだ。

彼らが大枚を集めたあとすぐに会社を畳んだとき、当時グーグルのベンチャーキャピタル部門のトップだったビル・マリスは、「まるで銀行強盗だ。全額返金すべきだと私は思う」と言った。

沈黙は金

創業者が投資家と話をしなくなるのは、ほぼ間違いなく会社が潰れる兆候だが（毎月の報告については第27章を参照）、創業者の中にはコツコツと働く内向的な人たちもわずかだがいる。

これを試す最善の方法は、ミーティングやメールのやりとりの中で創業者がどうふるまうかを観察することだ。

売り込みのメールが来て、そこに書かれている製品やリンクトインのプロフィールに見込みがあると思ったとき、私は具体的な質問を3つ投げかける。送るのはこんなメールだ。

ジェーン、

いいスタートだ。簡単な質問をいくつか。

1　四半期売上は？

2　プロダクトが市場に出てから何カ月たった？

3　ここ数年この分野で失敗した会社をいくつか見てきたが、なぜ今度はうまくいくと思うのか？

@jason

この手の短いメールを送ると、有能な創業者からは驚くほど簡潔な返事が返ってくる。しかしほとんどの場合、返ってくるのは質問に答えていない長文メールで、話は脇道にそれていく。

簡潔なコミュニケーションの取れない創業者は、長い目で見ておそらく良い結果を生まない。たぶん、彼らは創業者の役を演じているだけなのだろう。

「空き缶がいちばんうるさい」という言葉は私のテコンドーの先生が、先生の先生から言われた言葉で、私も先生からしょっちゅう聞かされた。いつ昇段試験を受けられるのか、なぜあいつが先に黒帯を取ったのかなどと聞いている間は、まだ次の段階へ進む準備ができていない。うるさい生徒は、茶帯でいる2年の間に辞めていくことが多い。

黒帯になれるのは、寡黙で集中力のある生徒だけだ。

第21章

案件を評価する

タイミングを見極める

アーリーステージのスタートアップ案件を評価するとき、参考にすべきデータはあまりないのがふつうだ。エンジェル投資は大きく2つに分類できる。トラクション前とトラクション後だ。トラクションは、そのプロダクトを使っている人数、あるいはそのためにお金を払っている人数という形で表現される。トラクション前というのはユーザーや売上がない製品のことだ。

「トラクション前」段階では、投資家がスタートアップの進捗状態をさまざまなフェーズに分けて検討する。フェーズは、早期から後期にかけておおまかに以下のように分けられる――ナプキンの裏のメモ書き、基礎研究、ビジネスプラン、モックアップ、機能プロトタイプ、MVP（実用最小限の製品）、ベータテスト、およびステルスモード。

アーリーステージでは、投資家が損をする可能性が高いが、リスクを取るごほうびとして会社評価額は低い。

アイデアをナプキンの裏に書いただけの新米創業者は、一般論としては、投資する価値がない。初めて起業する創業者にとっては、機能プロトタイプまたはMVPをつくり、できればベータテストまで行うのが仕事だ。裕福な家族のいる創業者が初めて起業するときは、金持ちの叔母さんと両親に2万5000ドル出してもらえば、仕事を辞めてデザイナーを雇い第一段階を完了できる（第7章を参照）。

会社をつくって売却した経験のあるベテラン創業者なら、ナプキンの裏に書いた計画や単なるアイデア（たとえば「教育アプリに焦点を絞る」）を持って友達のところに行けば50万ドルのシード資金を調達できるだろうが、投資家は大きな赤信号を点灯させる。そんな創業者なら、自分でMVPをつくりベータテストを実施できるはずだからだ。

シリコンバレーで案件を評価するとき、新米エンジェル投資家の読者にとって、トラクション前のスタートアップに投資する理由はない。投資できないわけではないが、不必要なリスクを負うことになる。時間には限りがあるので、市場にプロダクトを出していない相手と会うことはお勧めできない。

創業者はアイデアやビジネスプランやMVP前の段階でエン

ジェル投資家に接触すべきではない。そんな段階で近づいてくる創業者がいたら、それは自分でプロダクトをつくれないうえ、優秀な人材を雇って週末に製品をつくることも、友達や家族に出資してもらうこともできない証拠だ。

私のやり方は公平か？　違う。

世の中は公平か？　違う。

それでも撃てる弾丸は30発しかない。これは慈善活動ではなく戦いだ。あなたが会うべきなのは、報酬なしに労力を注ぎ込んでプロダクトをつくる能力がある（第7章参照）、最大の影響力を持つチームだ。

読者が巨額のリターンを手にしたら、ビジネスプランを持っている人たちのためにインキュベーターをつくったり、プログラムを書けない人のためにコーディング・スクールをつくったりできるようになるだろう。しかしこの本では、投入した以上の資金を返してくれるスタートアップ30社への投資に焦点を絞る。

私の経験では、新人エンジェル投資家が犯すいちばんの過ちは、早く手を出しすぎることだ。私の見た市場のおおまかな現状はこうだ。これを見たらひと呼吸おきたくなるはずだ。

■ナプキンの裏にアイデアを書く人の99パーセントは行動に移さない。
■ビジネスプランを書く人の95パーセントはそれを実行しない。
■プロトタイプをつくる人の90パーセントはMVPをつくらない。
■MVPをつくる人の80パーセントはベータテストを実施しない。
■ベータテストを実施する人の80パーセントは法人化しない。
■ベータテストに成功した人の95パーセントは資金調達しない。

まずこれらの数字を、80〜90パーセントという資金調達後のスタートアップの死亡率と見比べてみよう。それから、プロトタイプかMVPをつくると言っている従兄弟の友達にあなたが2万5000ドル出したいかどうかよく考えてみよう。

要するに、プロダクトとマーケットのフィットがあり、ある程度のトラクションがあり、エンジェル投資家も何人かいるが、ミッション完了のためにはもっと資金が必要、という会社は十分多く存在するということだ。

エンジェル投資の最初の30回で焦点を当てるべきなのはそういうスタートアップだ。欲しいのは、今まさに「実行している」人たちであり、出資してくれたら多分やるだろうなどと言っている人たちではない。

プロラタは不可欠

プロラタとは、持ち株の比率を維持できるように、将来の調達ラウンドで投資できる権利のことだ。たとえば、ある会社に2万5000ドルを投資して、投資後の企業価値が250万ドルになるとすれば、あなたは会社の1パーセントを所有することになる。

1年後にその会社が、投資後企業価値1000万ドルで100万ドル調達すると決めれば、投資前の企業価値は900万ドル、入金後には1000万ドルになるので、1パーセントの比率を維持するためには追加で投資する必要がある。

この場合、読者がそれ以上投資をせず、会社が100万ドル資金調達すれば株は10パーセント希釈化され、あなたの持ち分は約0・9パーセントになる。この第二ラウンドで追加投資をしなければ、持ち株比率は減るものの、あなたは投資したときの4倍の価値を持つ株を所有することになる。これは非常に良いことだ!

このように自分が投資した会社の価値が突然跳ね上がったという状況になったときは、誰がその金を投資したかに注目すべきだ。投資したのが賢い人たちなら、あなたは4倍賭けして、そのラウンドで10万ドルつぎ込んでもいいか、創業者に聞くといい。その場合あと1パーセントが手に入り、取り分はほぼ2パーセントになる。

つまりプロラタとは、持ち分のパーセンテージを維持できる権利のことで、なぜこれが重要かといえば、新しく参加した投資家が次のラウンドを独り占めしようとすることがあるからだ。実際のところ、たとえば読者が持っている会社のひとつが10億ドルの価値になったとしても、おそらく何百万ドルも投資してパーセンテージを維持しようとは思わないだろう。しかし、もしほかの投資家とシンジケートをつくって投資するという選択肢があれば、そうすることで利益を分け合うことができる。

プロラタの権利は不可欠であり、これのない投資契約は決して結んではならない。

ほとんどの創業者は、エンジェル投資家にプロラタの権利を与えるはずだ。そうでないときは何かがおかしい。早くから投資してくれた人たちが報われるようにしたいと思わない創業者はいないはずだ。プロラタを与えるなと創業者が誰かに説得されていたり、読者が投資家として小物だからだめだなどと言うのなら、こう言ってやるといい。

「いいか、私は本気であんたに賭けている。だから将来のラウンドでもっと小切手を書いて応援を続けたいと思っている。タダで株をくれと言っているんじゃない。会社が大きくなったときにもっと高額の小切手を書ける権利が欲しいだけだ！」

たいていはこれでうまくいく。理にかなっているのだから。

会社評価額は適正か

2010年にシリコンバレーでアーリーステージのスタートアップに投資し始めたとき、参加に必要な金額は200万から400万ドルだった。

市場のたがが外れ、ウーバーやエアビーアンドビー、インスタグラム、スナップチャットのように派手な成功者が出てくるようになると、シードラウンドの評価額は400万〜600万ドルへと変わり、ピーク時に1000万ドルまで上がったあと、今また300万〜600万ドルあたりで落ち着きつつある。

あるスタートアップの会社評価額が300万ドルなのに別のスタートアップでは600万ドルになるのはなぜか？　簡単に言えば、案件をめぐる競争だ。一般に創業者は、調達ラウンドの会社評価額をできるだけ高く設定して、調達目標金額を得るために売らなくてはならない株数を減らそうとする。

とはいえ自分の会社の評価額をいくらにするかは創業者としても悩むところなので、ライバルたちが調達した金額をしょっちゅう見ていてそれを超えようとする。負け犬になりたくなくて張り合おうとすることもある。

評価額も大切だが、もっと大切なのは最高の案件を手がけることだ。ツイッターとジンガへの投資を、両社のシリーズAラウンドの評価額（数千万ドルだった）を聞いて見送った人たちを私は知っている。そのあと彼らは、あの連続起業家たちの率いる会社の価値が数十億ドルになるところを指をくわえて見るほかはなかった。

評価額を理解する簡単な方法は、直接創業者に聞くことだ。

「どうやってその金額に至りましたか？」

それが「リード投資家」から提示された金額である場合もある。このラウンドに最大の金額（たとえば25万ドル）を注ぎ込み、案件を支配している投資家だ。

この場合、おそらくラウンドは成立する。なぜならこの投資家と創業者は目と目を合わせて一緒に仕事をしたがっているからだ。ここではあまり考えすぎる必要はない。その会社を大いに気に入ったなら乗るし、そうでなければ乗らない、それだけだ。それは2万5000ドルを出すエンジェルが、ひとりでラウンドの条件をリセットするような話とは違う。

仮に創業者が大きな数字（たとえば1000万ドル）を言ったけれども自信がなさそうだったら、読者はその創業者にこう言えばいい。

「目標は1000万ドルですか。その数字に至った根拠はなんですか？」

相手は答えられないかもしれない。「売上が月に5万ドルあります」は上等な答えと言えるだろう。あるいは「一日のアクティブユーザーが2万5000人いて、過去3カ月間毎月50パーセント成長しています」も悪くない。

悪い答えの典型は、「うーん、そう決めただけです」とか、「Yコンビネーターの前学期で誰かが1200万ドル調達していたので、1000万ドルならお買い得だと思いました！」などだ。

もうひとつのすばらしいテクニックは、創業者にずばり「その評価額は変更不可能ですか？」と聞いてから、じっと耳を傾けることだ。おそらく、過去に私が見てきた無数のスタートアップがそうだったように、数週間後にもラウンドはまとまらず、別の数字を持って読者を訪ねてくるだろう。

これは市場だ。評価額は上がりも下がりもする。ほかにどんな投資家がいるのか、ビジネスの調子はどうなのか、顧客は誰なのか、チームには誰がいるかなどを理解することと比べれば、評価額など大して重要ではない。

第21章　案件を評価する

第22章

エンジェル投資家がディールメモを書くべき理由

選択プロセスを改良する最善の方法

ベンチャーキャピタルは、エンジェル投資家と比べて少ない数のスタートアップに多額の投資をする。エンジェル投資家が数万ドルを投資するのに対して、ベンチャーキャピタリストは百万ドル単位で投資するのがふつうだ。ベンチャーキャピタリスト個人では年にひとつか2つの案件に投資をして、それぞれの会社の取締役会に加わり、8社から10社の取締役になるまでこれを続ける。

一方、エンジェル投資家の場合は年に5〜15のスタートアップに投資をする。取締役にはならない。

実際、ベンチャーキャピタリストは、投資の「エンジェル・フェーズ」を生き延びたスタートアップに目をつける。プロダクトに合った市場を必死に探していて、チームは小さく、常にリソース不足の状態にあるようなスタートアップだ。

だからエンジェル投資家は、高額の小切手を書き、プロダクト・マーケット・フィット状態のビジネスを創業者と共にスケーリングすることができる、そんなベンチャーキャピタリストと強固な人間関係をつくることが大切だ。

ベンチャーキャピタリストは賭けに出る回数が少ないので、賭けるときはいっそう慎重になる。1年以上どこの企業にも投資をせず、その間は以前に投資したスタートアップに集中しているベンチャーキャピタリストを私は何人も見てきた。

もうひとつ、エンジェル投資家がスタートアップに投資するプロセスと、ベンチャーキャピタリストのプロセスとの大きな違いは、エンジェルは自分ひとりで決断するの対して、VCはあらゆる投資についてほかのパートナーと何度もミーティングを開いて議論することだ。

実際、私がベンチャーキャピタル会社に入らなかった（つくることもなかった）主な理由は、自分の投資についてパートナーと議論するという発想が生き地獄のように思えたからだ。

スタートアップに対する揺るぎない信念をもって目を覚まし、5～6人の男たち（今日のベンチャーキャピタル会社の投資担当者は90パーセントが男性）とともに会議室であれこれ裏のある議論を交わし、小切手一枚を書くために自分の案件を一人ひとりに説明しなくてはならない。これこそエンジェル投資家がやってはならないことだ。

これまで検討してきたように、ごく初期段階のスタートアップにとって、失敗する理由のリストは長く、成功する理由のリストは短い。

ベンチャーキャピタルで何十という人間関係を扱い、過去数十年間に成功や失敗をした投資案件を分析しなければならないとき、体系的な決断をするのに役立つシンプルな道具がある。それはディールメモだ。

エンジェル投資家はディールメモを書かない。だが、書くべきだ。なぜならディールメモを書けば、短時間に考えを具体化しなければならないからだ。過去のディールメモを読み、何が正しく何が悪かったかを知ることで、将来の選択能力を磨くのにも役立つ。

史上最高のディールメモ

ディールメモとは何か、なぜこれが大切かを理解するもっとも簡単な方法は、これまでに公開されている中でも最高のディールメモを分析することだ。セコイア・キャピタルの若きパートナー、ローロフ・ボタは、情熱的で理路整然としたディールメモを書き、あるビデオ系スタートアップへの投資を提案した。そのスタートアップは資金を浪費し同じ失敗を何度も繰り返してきたうえに法的リスクをいくつも抱えていた。

そのスタートアップの名前は、ユーチューブだった。この投資はセコイア・キャピタルに5億ドル以上の利益をもたらした。

ボタはディールメモを次の6つのセクションに分けた。「はじめに」「条件」「競合」「雇用計画」「主要なリスク」「結論」だ。

前にも書いたように、スタートアップが失敗する理由はいくらでもあるが、ローロフの「主要なリスク」のリストには大局的な視点で次のような所見が述べられている。「ユーチューブは重大な競合に直面する可能性がある」とローロフは書き、直接競合するデイリーモーション、ビメオから、いつビデオに参入してもおかしくない写真サイトのフリッカーまで、競合相手を7種類に分けて説明した。インターネットの有力企業であるグーグルとヤフー、エンタテインメントサイト、ファイル共有サービス、あるいはIPTV（インターネット・プロトコル・テレビ）も忘れてはいけない。

こうしたあらゆる競合リスクに加えて、ローロフはその収益モデルが直面するであろう課題について一つひとつ詳しく説明した。たとえば「ユーチューブがどの程度のCPMを要求できるかは不明」（CPMは広告表示1000回あたりの料金）、「広告枠の何パーセントを収益化できるかは不明」、そして私のお気に入り、「ユーチューブが一日あたりのビデオ配信10万本という現在のレベルからどこまで成長するかは不明」などだ。

こうして競合がどこにでもいて、収益化が困難であることを読者が理解したあと、メモはさらに詳しくリスクを語る。「スケーラビリティ」（ユーチューブがサーバーをダウンさせることなく安く運用する能力）「成長のバランス」（ビデオを見に来る人ばかり多くなって、おもしろい作品をアップロードする人が足りなくなったらどうなるか?」)、そして、「エグジット(出口)」戦略の証拠がないことなどだ。エグジットについてはローロフが簡潔にまとめている。「比較対象になるような高い評価額のエグジット例は多くない」

要約すると、ユーチューブは厳しい競争にさらされていて、収益化に課題を抱え、スケーリングは困難で、誰もこんなものを買いたがらないということだ——さらには法律問題もある。

もちろんローロフは、自分が徹底的に調べ上げたことをセコイアのパートナーたちに示し、ユーチューブが失敗したときの言い訳にもなるように、それらの問題をすべて列挙したうえで、簡潔で見事な推薦文でしめくくった。

「この資金提供を提案どおり進めることを推奨する」

スタートアップを導くハーメルンの笛吹き

短いエンジェル経験の中で、私は3種類のやり方でディールメモをつくってきた。初めは日誌の中にメモ書きしていた。そういうメモは、急いで書くばかりで見直すことのない日誌の山に埋もれてしまう。

だが、私は日誌に書いたメモが重要であることを2つの理由から確信した。

第一に、会っている相手は自分が大切にされていると感じる。それは、賢くてすてきな小切手を書くエンジェル投資家とされる人物が、このスタートアップにはメモを取る価値がある、と認めた証だからだ。私は自分で立ち上げたウェブログ・インクのパートナーだったブライアン・アルビーと一緒にアマゾンCEOのジェフ・ベゾスと会ったとき、彼がメモを取っているのを見て、実に格別な気分を味わった。これは断言できる。

第二に、メモを取っていると集中し記憶力が増していることに気づく。メタ認知能力、というのは「自分の考えについての考え」を気取って言っただけだが、それも向上する。メモを書いているときの私はオリンポス山のゼウスになって、人生の劇を演じている自分を見下ろしている。膨大な距離の隔たりが、ただ耳で聞くだけでは得られない独特の洞察を与えてくれる。

ある時、私はディールメモをブログ記事として書くべきだと考えた。そもそも私がエンジェル投資を始めた資金のほぼすべてが、私のブログ会社を売って手に入れたものだった。自分のブログが非常に人気が高いということはわかっていた。私の投稿には何十ものフォロー記事やリンクがつけられた。こうしたリンクのおかげで私のブログ記事はグーグル検索のトップに掲載され、さらに多くの人々をcalacanis.comに呼び込んだ。それなら、私の投資先にもっと注目を集めさせるためにこれを使わない手はない。

ブログが注目を集めることが、投資家向け商品の選別や、投資先企業の人材採用、さらには強力なベンチャーキャピタリストとの出会いにつながるとは思ってもみなかった。しかし実際にそれが起きたのだ。

私がどこの会社に投資したかは、たちまち創業者たちの知るところになった。私はなぜ投資したかをブログに書き、私のポッドキャスト番組「今週のスタートアップ」のゲストに投資先の創業者を呼んだ。こうして、自分の会社に投資してほしいと頼みに来る人が増えていった。セコイア・キャピタルのあるパートナーに言わせると、私はスタートアップにとってハーメルンの笛吹きだそうだ。このたとえは後にHBOのテレビ番組『シリコンバレー』でも使われた（もちろん単なる偶然だと私は思っている）。

100万ドルのホームページ

初期の投資先に、カーム・ドットコムという瞑想アプリがあった。2014年4月23日に私は『なぜ私（私たち?）はカーム・ドットコムに37万8000ドル投資したか』というブログ記事を書いた。この会社は当時おそらく5000ドルから1万ドルの売上があり、創業者のアレックス・テューは実に魅力的な男だった（最近私のポッドキャスト番組に彼を呼んだ）。

彼は「100万ドルのホームページ」をつくり大反響を呼んだ。貧乏学生だった彼は100万ドルが欲しかったので、ウェブページをつくり、誰でも1ピクセルを1ドルで買えるようにした。するとマスコミが飛びつき、彼は100万ドルを手に入れた。

しかしアレックスは、創業者としては少々洗練されていないところがあったので、出会った投資家はことごとく彼にもカーム・ドットコムにも関心を示さなかった。

私はブログにこう書いた。「このスタートアップに目をつけた理由はいくつかある。情熱的な創業者（アレックス・テューという、マインドフルネス瞑想が大好きな英国人で、「100万ドルのホームページ」という史上もっともバイラルな仕組みをつくった）と並外れたブランディング（辞書に載っている4文字のドメイン名）、そして確固たる数字（数千人の有料会員と、数十万人の無料会員）だ。私は市場を見て「マインドフルネス瞑想はヨガと同じくらい、おそらくもっと大きくなる。その技法は証明済みで、一流大学の一流科学者によって詳しく研究されている（http://marc.ucla.edu）」と書いた。

私はブログの「ディールメモ」に、ベンチャーキャピタリストたちを戒めるようにこう書き綴った。「しかし、ベンチャーキャピタリストは本流を大きくはずれるものに賭けるのを怖がった。これは失敗すれば笑われるような代物だ。それでも、私にはうまくいくことがはっきりわかっていた。10年か20年もすれば、この投資はコーヒーを普通の値段の5倍で売るカフェに投資するのと同じくらいすばらしい行動に見えるだろう（http://en.wikipedia.org/wiki/Starbucks#History）。

この投資を終えてから30カ月後、アレックスに会った私はうれしいニュースを聞かされた。会社は年間売上1000万ドルのペースですでに利益を上げていた。その後、資金調達が必要になることはなかったので、私の投資はこのスタートアップにとって決定的瞬間に行われたことになる。私が投資しなければおそらく会社は存在しなかっただろう、とアレックスは言った。

年間売上1000万ドルで黒字の会社といえば、成長率にもよるが、私の経験では売上の5～20倍、利益の25～100倍の企業価値がある。つまり、売上わずか1000万ドルのカーム・ドットコムを買うと、企業価値が2500万～1億ドルになる（私が投資した額の6～25倍）。

私の「ジェイター」（ジェイソン・ヘイター、つまり私を嫌いな人々）のひとりが、Q&Aサイトのクォーラに投稿した。「カーム・ドットコムに40万ドル近く投資したことは、ジェイソン・カラカニスにとって賢明な行動だったと思うか？」ジェイターはこう続けた。「こういうちょっと変化球的な投資は、比較的ニッチな市場でスケーリングやリターンの可能性が小さいことを考えるといかがなものだろうか」

2014年4月25日、私は匿名の質問者にこう返信した。「銀行家や法律家がヨガをするという発想が1986年にあっただろうか？　バカげていると言われたに違いない。しかし、今や15歳から70歳までが同じヨガのクラスにいることは珍しくない！　100パーセント正常だ。瞑想？　奇異に感じる人もいるだろうが、それも自分でやってみて、巨大な、人生を一変させるイベントを開くまでのことだ」

最後にこう付け加えた。「今でもカーム・ドットコムのようなスタートアップが失敗する可能性は70パーセントある。それは、数学と歴史が示す数字にすぎない。もちろん私は、そうしたスタートアップが70パーセントの確率で1億ドル以上の企業になり、投資家たちが投資の10～25倍を手にする可能性があると思っている」

時々私は、自分の予測を恐ろしく感じることがある。

第23章

出資を断る最善の方法

創業者から手を引く50の方法

出会ったスタートアップの25社から50社につき1社に投資するとすれば、あなたは何百人もの創業者に「ノー」と言わなければならない。一日中「ノー」と言い続けることは、地球上のほとんどの人にとって新しい体験だ。そうでないのは映画の配役担当者か出会い系アプリを使っているスーパーモデルくらいだ。

簡単にノーと言える人はめったにいないが、それができる人は創業者とのミーティングか、すぐあとのメールでノーと言う。明快にノーと言うことは、創業者にとっても投資家にとっても良いことだと多くの人が思っている。しかし現実は、どちらの側も本当はこの言葉を聞きたくもないし言いたくもない。それは「もしも……だったらどうしよう？」と考えるからだ。

ノーと言うかわりに、投資家は創業者に、「もう少し考えてみましょう」とか「パートナーと相談します」などと言う。これらは「ノー」を意味する符号だが、根気強い創業者は「ノー」以外はなんでも「イエス」と解釈する。はっきりノーと言われたときでさえ、多くの創業者はまだチャンスがあると信じている。

創業者にノーというとき、私は何種類かのフレーズを使う。初めのうちは、つきまとう創業者に返信しないことで相手の本気度を試す。時には驚くほど詳細なフィードバックを返し、私が投資しないあらゆる理由を創業者に伝え、「このメールを保存しておき、将来私が間違っていたことを証明できたら、ブログ記事に引用するといい」と言ってダメージを和らげた。

本当に真実を知りたいか？

これは私がYコンビネーターのデモデーに出入りを禁止される前のことだが（詳しくは本章の後半で）、私は創業者と会ったときはいつも、ピッチが終わると映画『マトリックス』のように「真実を知る赤い薬とすべてを忘れる青い薬、どっちを飲む？」と尋ねることにしていた。

彼らは例外なく赤い薬を選び、ありのままの真実を言ってほしいと私に言った。私はどの創業者に対しても、私が彼らのビジネスやプロダクトやピッチについてどう感じているか、ほかの投資家ならどんな反応を示すかを正確に説明した。

どの創業者も私の率直さに大いに感謝したが、Yコンビネーター出身の過保護なガキどもだけは違った。ここの創業者たちは、ハーバード大学の学生と同じく非常に競争率の激しく高いプログラムに選ばれて、自分たちは非常に特別な存在であると言われてきた。実際彼らのスタートアップは同じ成長段階にあるほかのスタートアップと比べて2倍から3倍の企業価値があった。

私はYコンビネーターの創業者たちに会うと、その要求の尊大さと厚かましさに驚かされたものだった。Yコンビネーターのプログラムは、デモデーにやってくるエンジェル投資家たちに、取り残されることへの恐怖感を強く植えつけた。プログラムに参加しているスタートアップはデモデーより前に出資を受けてはいけないことになっている。デモデーでは100社以上のスタートアップが壇上に上り、自分たちの市場がいかに大きいか、どうやってそれを支配するかを、聴衆に向かって文字どおり怒鳴り散らす。

ドロップボックスとエアビーアンドビーという、この10年でもっとも驚くべきスタートアップの2社がYコンビネーター出身なので、エンジェル投資家たちが注目するのは当然だ。しかし、1期あたりのスタートアップの数が6社から120社へと増えるにつれ、プログラムの内容が希薄になったことは否めない。

私はYコンビネーター出身のスタートアップと会うとき、彼らのことをどう思っているかをざっくばらんに話し、1000万ドル、1200万ドル、あるいは1500万ドルにもなる巨額の評価額では投資するつもりがないことを伝えた。そんなスタートアップの多くはほとんど進歩していなかった。

Yコンビネーター出身企業の中で、私が特に面白いと思ったのはウィーブという会社だった。彼らが2014年にYコンビネーターを卒業したとき、私は何度か創業者に会った。プロダクトのデザインはまずかったが、コンセプトがすばらしかった。出会い系サイトのティンダーとビジネスに特化したSNSのリンクトインを合わせたような考えだ。アイデアはこうだ。ある肩書の人とビジネスミーティングをしたいと言うと、マッチした候補者が表示されるので、会いたい人が見つかるまでスワイプ、スワイプ、スワイプを続ける。デザイナーやエンジェル投資家や弁護士と会いたければ、スワイプしてチャットルームに誘って実際のミーティングを設定できる。

私はもう少しで投資するつもりだったので、創業者とコーヒーを飲んだ。そして彼がいくら調達しようとしているのか、誰がリード投資家なのか、企業価値はいくらなのかを尋ねた。調達金額は大きくはなく、リード投資家もいなかったが、それはこの段階では珍しいことではなかった。

しかし、彼が評価額を1000万ドルにしたと聞いて、私は飲んでいた南米風コーヒーを吹き出しそうになった。私はいったいどうその数字を説明できるのか、誰がその金額を決めたのかを尋ねた。彼が言うには、Yコンビネーターの同級生の中で最高の評価額よりわずかに低い額を基準にしたという。

「1000万ドルというのはものすごく高い評価額だ。私がウーバーとサムタックに投資したときは900万ドル……」

彼は私を遮ってこう言った。「だったらそれより100万ドル高いだけだし、私たちはYコンビネーター出身で、市場も今のほうがずっと盛り上がっています！」

「そうか……最後まで話していいかな。ウーバーとサムタックの最初のラウンドを合計した額が900万ドルだったんだ」と私は言った。

彼の笑顔が消えた。

私は「君はウーバーのトラビス・カラニックでも、サムタックのマーコ・ザッパコスタでもない」と、ウィーブの創業者に言い、こう続けた。「でも、いつかそうなる日がきっと来るさ」

彼らは200万ドルを調達し、3年間必死に努力してから1~2回ピボットしたあと、店を畳んだ。私は惨事を免れた。今日に至るまで私はウィーブのアイデアをすばらしいと思っている。位置情報ベースの楽しくて便利なプロフェッショナル向け仲介アプリを誰かがつくることを、今でも期待している。

何十社かのYコンビネーター出身のスタートアップと会い、思い切り遠慮なく話した結果、彼らはYコンビネーター内部の連絡システムに悪いレビューを書きまくり、私は次のデモデーへの参加を禁止された。その禁止は次の回にすぐに解かれた。史上トップ10に入るエンジェル投資家を出入り禁止にできるわけがない、ということだろう。

最近私は、Yコンビネーター出身の創業者と会うときには、ミレニアル世代向けの温和なアプローチをとることにしている。彼らのビジネスで気に入ったことが5つ以上あり、一切批判的ではないことを伝える。私に投資してくれと頼んできたり、ミーティングのあとにしつこくメールを送ってきたりしたら、「私の投資テーマに合わない」ことを伝える。これは何も言わないことの婉曲表現だ。

これはうまくいった。

過保護なガキどもは、Yコンビネーターがスタートアップの吹雪になったあとも、自分たちをなにか特別な存在だと思っている。

インキュベーター疲労

インキュベーターは行くに値するところなのでお勧めするが、投資家に投資を無理強いしようとするあの群集心理は受け入れるべきではない。インキュベーターのデモデーに行ったら、スタートアップ全員をスプレッドシートに記入し、あなたの思う成功の可能性(低、中、高)でランク付けして日付とメモを書き込む。

上位5社ないしは10社を選んで正式なミーティングに誘う。ミーティングが終わったら、受けた印象を書き込み調達金額と評価額も記録する。

こうして選んだ会社を6カ月後にチェックしたときに驚くのは、ほとんどがまだ資金調達活動を続けていることで、しかも金額は前回と同じ（あるいは20パーセント以内の違い）だ。

卵からかえった子亀たちが海に到達するまで待つことで、生まれたばかりで海に向かう間に起きる血なまぐさい虐殺を見ないですむ（詳しくは第28章で）。

インキュベーターの95パーセントは、自分で資金調達できないスタートアップ創業者のための場所である。Yコンビネーターと私のインキュベーターであるLAUNCHは明白な例外だが、それはかなり進んだ段階にある創業者を受け入れているからだ。

新米のエンジェル投資家はインキュベーターで創業者に会うべきだが、投資するのはインキュベーターを卒業してから6〜12カ月後がいい。

「ノー」ではなく「まだ」と言おう

最近は投資するつもりがあるかと創業者に聞かれたとき、ほとんどの場合「まだ」と答えている。これはローロフ・ボタが教えてくれたエレガントなフレーズで、不思議なほど効く。この言葉は、私がまだ準備完了ではないことを伝えると同時に、月例報告の配布先に私を加えてほしいということも知らせている。

このやり方がなによりもすばらしい理由が3つある。第一に、創業者の心を折らない。

どうやら相手の心を折るのは私の隠れた超能力らしいことに最近気づいた。かつて私はこんなふうに言っていた。「あなたはどこか物足りない」「アイデアはいいがあなたはそれをやるべき人物じゃない」。こういう発言は100パーセント真実だが、溺れていて助かる見込みのない人間に「あなたはもうすぐ死にますよ」と言う理由にはならない。笑顔でゆっくりとその場を離れ、引きずり込まれないように注意することだ。

「まだ」の第二の利点は、創業者に私が間違っていることを証明するチャンスを与えつつ、つながりを絶たずにいられることだ。彼らは野望を燃えたぎらせ、「あの男を見返してやる！」と思っている。

創業者に見返されることほどうれしいものはない。前よりも強くなった会社に賭けるチャンスを得られるのだから。

第三に、月例報告は金を渡す「前」に見たいものだ、という私の意向を創業者に示すことができる。

人生はひとつの巨大なテストであり、投資家と関わることは数あるテストの中のひとつだ。人が時間をかけて計画を実行するところを見るのが、投資すべきかどうかを判断する最善の方法だ。

第24章

デューデリジェンスのチェックリスト

リスクを減らす

アーリーステージ投資のデューデリジェンスは、自分の金を渡す前に企業内容や個人を精査する作業だ。エンジェル投資家ひとりが投資する金額は2万5000ドルくらいと比較的少額であるため、この手順を省略する人が多い。

アーリーステージの会社の場合、創業者の経歴と評判をよく知ること以外にデューデリジェンスですべきことはさほど多くない。プロダクト・マーケット・フィット以前の会社に投資する場合、話題にすべき顧客も、もちろん売上もない。しばらく市場に存在し顧客がいる会社だとしても、実際に見るべきデータは1年分にも満たないだろう。

小切手の金額が大きくなるにつれ、デューデリジェンスの対象も増え、ベンチャーキャピタルは個人の犯罪や裁判の履歴を知るために人を雇って身元調査を行うようになった。しかし、エンロンやバーニー・マドフの大規模な詐欺事件や、最近では血液検査のスタートアップ、セラノスの華々しい崩壊を見るにつけ、そうやって身元調査を行っても、それが創業者にとって初めての犯罪なら何も出てこないだろう。投資のプロセスには集団思考やおそらく妄想さえも入り込むことがある。交渉の席で互いを見回して「この成功した投資家3人が何も恐れていないなら私も心配しなくていい。何かまずいことがあれば、きっと誰かが見つけているはずだ」と自分に言い聞かせる。

さらには、デューデリジェンスの手続きがアーリーステージの人間関係に気まずい状態をつくり出すのではないかという認識がある。婚前同意書を交わすことが不信感を表したり無粋だと考えたりするのと同じ発想だ。

想像できるだろうが、過去に失敗したことのある投資家は念入りにデューデリジェンスを実施する傾向にある。離婚経験者が婚前契約書について話すことを恐れないのと同じだ。

スタートアップ探偵を演じる

デューデリジェンスは投資の規模に応じて行うのがよい。これは私の長年の経験による。やり方はこうだ。創業者ミーティングでは、事実にかかわる質問を尋ね、進むにつれて具体的にしていく。たとえばこんなふうに。

創業者：最高、絶好調です。みんな喜んでうちのプロダクトを使っています。

エンジェル投資家：顧客は何人？

創業者：1万2000人です。

エンジェル投資家：1万2000、それはすばらしい。それはひと月で？　1年で？　それとも過去18カ月の累積？

創業者：あ、はい、これは一種の累積数ですが、登録ユーザーもいます。

エンジェル投資家：すばらしい。つまり18カ月前にサービスを公開してから1万2000人が登録したということは、平均すれば月に600〜700人だ。ひとりあたりいくら払っているの？

創業者：50ドルです。

エンジェル投資家：それはすごい。つまり毎月600人の新規顧客から50ドルずつ入るから、月間売上高は3万ドルだ。1万2000人の半分だけがサービスを使い続けるとすれば月間売上高はもう30万ドルだ、違うかな？　年間売上は360万ドルになる。それでもエンジェル投資が必要かな？

創業者：いいえ、ちょっと違っていまして……

ここで1分間アクションを止める。この時点で真実が浮かび上がり始め、この創業者の頭の中にある「顧客」という言葉の定義は私とは違うらしいことがわかってきた。

顧客といえばお金を払ってくれる人だと思うかもしれないが、この創業者の考える顧客は、彼らのウェブサイトでフェイスブックのログインボタンを1回クリックして二度と帰って来なかった人も数えているらしい。

顧客ひとりあたり50ドルというのが彼らの月間売上だと思うかもしれないが、この創業者には自らを不安にさせる大きな秘密がある。

おめでとう。これで探偵として最初のレッスンは終了だ。次の質問にもっともふさわしいのは、最後の質問を少しだけ違う方法で尋ねることだ。

それでは、話を続けよう。

エンジェル投資家：わかった。ということは毎月50ドル集めてはいないのか、それとも月間売上高は3万ドルではないのか。

創業者：はい、その、まだ料金を取り始めたばかりで売上は3000ドルなのです。

エンジェル投資家：よくわかった。では、サービスはベータ版で、無償ユーザーが1万2000人いて、現在は月額ひとりあたり50ドル課金していて売上が月に3000ドルある、ということは有償のユーザーは60人ということでいいかな？

創業者：いいえ、正確には、まだ、実際には年間売上が3000ドルなのです。

エンジェル投資家：わかった、いいだろう。では年間売上が3000ドルなら、毎月の売上が250ドルでひとりあたり50ドルだから月間の有償ユーザーは5人でいいのかな？

創業者：えー、ウーン、だいたいは。今は毎月50ドル払っている有償のユーザーが2人いて、彼らのためにカスタムソフトウェアを一時金2500ドルでつくりました。

エンジェル投資家：わかった。では、一時金は計画に入れないので、今は顧客2人が月額50ドル払っていて、年間売上は1200ドルでいいかな。

創業者：えー、はい、しかし彼らはサービスを使うのをやめたので昨年の売上は3000ドルでした。

エンジェル投資家：わかった。

ここで会話をやめ、何が起きたか検討してみよう。機転の利くエンジェル投資家は、数字を深く掘り下げる必要があることを理解している。なぜなら、人は意図的であるかどうかにかかわらず、現実を自分独自に定義するからだ。

私はこれを、代替指標と呼んでいる。

賭け金の高いポーカーゲームでは、いら立ったプレーヤーがカードを破りディーラーに投げつけて「フロアー！　新しいセットを持ってきてくれ」と叫ぶ。この場合の「フロアー」はフロアマネジャー（あるいはピットボス）で、新しいセットというのはカード2組と新しいディーラーのことだ。

フロアマネジャーは、ギャンブルがいかにいら立たしく神経を逆撫でするものかを知っている。80パーセントの勝率なら5人にひとりは非常にいら立たしい結果になるが、勝率80パーセントの手札で3回〈続けて〉負ける可能性もある。その確率は20パーセントの20パーセントの20パーセントなので、100回に1回より少ない。

フロアマネジャーは、自分の負け続けの責任はカードデッキとディーラーにあると信じるプレーヤーが、一時的現実歪曲状態にあることを理解しなくてはならない。同じように読者は、ユーザーはすべて顧客でありコンサルタント業務の一時金が維持可能な売上であると考える、創業者の妄想ともつきあっていかなくてはならない。

その人物が創業者として通常レベルの妄想状態を超えて単にウソをついているのでない限り、腹を立てたり心配したりする必要はない。

一線を越える

最初の例は、無害だが楽観的すぎる創業者を私が相手にしただけだと思うかもしれないが、次の似たようなやりとりを考えてみてほしい。

創業者：私たちの年間予測売上は100万ドルです。

エンジェル投資家：内訳は？

創業者：先週アクメ・コーポレーションと3000ドルの契約を結び、もうすぐ完了する契約をあと300件待っています。

エンジェル投資家：つまり、署名済みの契約が1件あって、現在列をなしている300件の契約が100パーセント完了するとあなたは予想している。

創業者：そのとおり。絶好調です。ここへ来る途中で、あと2件口頭で約束を取り付けました。

エンジェル投資家：しかしはっきりさせておきたいのだが、これまでに入金されたのは3000ドルでいいかな。

創業者：契約済み金額はそうです。入金額は、ちょっと違います。

これも分析してみると、ここには非常に具体的で真っ赤なウソをついている創業者がいることがわかる。年間売上100万ドルというのは、ウソではないと自分に言い聞かせているか、まったくのバカなのかどちらかだ。

たぶん、バカではないだろう。プロダクトをつくってアクメ・コーポレーションが3000ドル払ったのだから。つまり彼らは正真正銘のウソつきだ。次へ行ってよい。

わかっている事実をすべて書き留め、アシスタントか同僚に補足資料で確認をとってもらうと、驚くようなことがみつかる。

事態はさらに悪くなる

私が主催するLAUNCHカンファレンスで、ある魅力的なセキュリティ会社がプレゼンをして私に投資するよう強く迫った。創業者はカリスマ的で、プロダクトも洗練されていた。その年の展示会では、どこよりも多くの人たちが彼らのブースに集まっていた。私には彼らが大成功しているように思えた。そして、サンフランシスコのバッテリーというITエリート向け会員制クラブで昼食をとっていたとき、フェイスブックとグーグルとも契約したとその創業者が私に話した。

こうしたミーティングには、以前チーフスタッフだったブライスを同席させ、山ほどの事実を書き留めさせる。ブライスは、デューデリジェンスのチェックリストに入りそうだと思う事実をすべて太字にした。フェイスブックとグーグルの件も当然太字だ。この2社なら信用を得るためのクライアントとして申し分ない。

デューデリジェンスが始まると、ブライスは契約期間と想定売上を知りたかったので、この2社との契約書を見せてほしいと言った。われわれは長期間の大きな契約だと想像していた。

創業者は私に電話で、2件の契約は口頭による合意だったことを白状したが、相手が誰で、いつ契約が完了するかを言えなかった。

これは、要するに、ウソだ。口頭の契約は無意味だ。誰もが知っていることだ。つまり、署名する前にクライアントと呼ぶことは詐欺行為だ。

皮肉なことだが、彼が「フェイスブックとグーグルとの契約は署名寸前です。来週2社に提案書を送るので、資料のコピーをお送りします」と言っていれば、私は投資していた。この段階でスタートアップに確実性を求める人などいない。だからこそチャンスがあるのだ。もし、確実ならそれは「債券」とか「基金」とか呼ばれ、リターンはひと桁パーセントで数えられる。

数年後、その会社はまだ順調に事業を進めていて、いくつかそこそこのクライアントがついていたが、適格投資家でない一般投資家から多額の資金を調達するために、インスタグラムに派手な有料広告を出して、株式クラウドファンディングのサイトに誘導していた。

これを見て私はうんざりした。この男のウソを見破るためにそれなりの聞き込みが必要だったことを考えると、クラウドファンディングに参加する人たちはどうなのか心配になる。貯金から100ドルか500ドルをはたいて、この創業者とランチミーティングする機会もなく、的確な質問をして矛盾に切り込むチーフスタッフもいない彼らがウソを見抜ける可能性はどれほどあるのだろうか。

一般大衆から資金調達することに対して、金融規制当局がさまざまな制約をつけているのには理由があるのだ。

もっとひどいことが起きた

創業者に二度目にウソをつかれたとき、私はもう少しでひっかかるところだった。それはあったらいいなと以前から夢見ていた、オンデマンドビジネスを構築する気の利いたソフトウェアで、是非とも投資したかった。

会社の名前は「フード・ライトナウ」としておこう。彼らのミッションはレストランで客がスマートフォンの注文アプリを開くと、ビーコンと呼ばれるテーブルに埋め込まれた小さな装置を使って、どのテーブルにいるかをアプリが自動的に認識する仕組みを提供することだった。

もうこれで、手を振ってウェイターを呼ぶ必要はなくなる。運ばれてきたばかりのイカフライを子どもが一瞬で平らげそうになったら、スマホを取り出してもうひとつ注文すればいい。

ミーティングで彼らは、私が何度も行ったことのあるパロアルトのレストランでアプリをテストしたことを話し、大きな効果があったと自慢した。彼らが言うには、店長がこのアイデアを気に入って、これなら誰にでも使えるからと、注文1件につき1ドルか、テーブルひとつにつき月額10ドル払ってもよいと言ったそうだ。

今でもこのアプリのことを考えると、すばらしいアイデアなので投資したくなる。しかし、フード・ライトナウは致命的なミスを犯し、ブライスがデューデリジェンスでそれを発見した。

私が創業者たちに、まだデューデリジェンスの途中であることを伝えたのに、彼らは数多くの投資家に会い、私がすでに投資していると言いふらした。その結果2～3人の投資家が投資した。実によくあることだが、著名なエンジェル投資家がどこかの案件に投資すると、創業者はその話を「社会的証明」としてエンジェル投資家コミュニティに流し、ほかの投資家に連鎖反応を起こさせようとする。たしかに効果はあるし、私の資金が口座に入った後なら構わない――しかし、それ以前は絶対にだめだ。

私はブライスに、アプリのパイロットテストをしているレストランに行ってシステムを使い、店長とも話すように頼んだ。

ブライスはちょっと悪いニュースを持ち帰った。「ボスには信じられないかもしれませんが」と、彼は独特のまじめくさった顔で言った。この男は史上最強の補佐官のひとりだった。

ブライスの説明によると、フード・ライトナウがこのレストランで行った「テスト」というのは、テーブルの下にビーコンを置き、注文したふりをすることだった。本物のテストは実施していなかった。マネジャーが気に入っていたという話はどうか？　彼らはマネジャーの具体的な名前も会った日付も言えなかった。数週間前にそのマネジャーと話して、このアイデアをどう思うかと尋ねたところ、好意的な返事をしただけだった。

くっそう！　まじかよ？

私はブライスにこの投資は見送ることを伝えたが、本当の問題が始まったのはそこからだった。私がすでに投資していると言われて投資したエンジェルたちから、なぜ今手を引くのかと聞かれたのだ。

なんてこった！

真理は人を自由にする。そうだ。真理は人をみな自由にするのだ！　これを読んでいる創業者に告げる。エンジェル投資家に対してウソをつく理由などない。なぜなら、スタートアップが困難で、資金不足であることはみんな知っているからだ。そうでなければ、われわれの金で隙間を埋める必要などない。

ウソで始まった関係は必ず涙で終わる。妄想なら受け入れていいが、ウソには絶対近づくな。

未熟な目から見るとこの2つのグループの違いは紙一重だが、何十という会社に投資をして、何百回もミーティングをして、何千回も質問をしたあとでは、悪いやつがネオンサインのように際立って見える。

テスラのイーロン・マスクは電気を使えば自動車業界をひっくり返せると思うほど妄想的だった。

ウーバーのトラビス・カラニックは、オンデマンド・ドライバーのネットワークをつくれば輸送システムをひっくり返せると思うほど妄想的だった。

グーグルのラリー・ペイジとサーゲイ・ブリンは、先行する何十という検索エンジンより10倍優れた検索エンジンをつくれると思うほど妄想的だった。

人は自分にウソをつき、投資家にウソをつき、世界にウソをつくが、事実にかかわるウソ（「フェイスブックともグーグルとも契約が完了している！」）と、高遠な目標（妄想とも言う）との間には違いがある。もしすべてがうまくいけば、後者は現実に転じる。イーロン・マスクの「われわれは火星に行く」やグーグルの「われわれは世界中の情報をインデックス化する」のように。

不適切と目に映るものは不適切である

もうひとつ、おまけのデューデリジェンス惨劇。

このスタートアップは、中小企業向けにサービスを提供する会社で、そこそこの売上があり、しっかりした投資家と、カリスマ的で積極的な創業者がいた。

ここまではよい。

会ってみると、評価額は妥当で、顧客数は伸びていた。ミーティングの半ばに、かつて何度も取り引きしたことのある著名なエンジェル投資家が、その会社の取締役会に名を連ねていることに気づいた。

既存の投資家にひと声かけてみるのは、よいアイデアなので、私はその友人にメッセージを送ったところいつものように「今すぐ電話する」と返事がきた。

彼は、その創業者は道義に反すると思えることを山ほどやってきた、と話したので、私はその後の調査を待つことなく単純な結論に達した。不適切と目に映るものは不適切である。これは今も私の信条だ。

既存の投資家とまともにつきあえないのなら、何かが間違っている。たしかに分別ある人同士でも意見が合わないことはある。しかし機転の利く創業者なら問題に対処する能力があるので、相手を説得して鎮静化させることができるはずだ。仮に投資家に落ち度があったとしても、私は創業者の難局を打開する能力に疑問を感じる。

これはフェアか？　わからない。しかし周り中に悪い感情をまき散らす人間と私は仕事をしたくない。

プロバスケットボールのように、互いに衝突したり肘うちを食らわしたりすることがあってもいいが、毒を盛るチームの一員にはなりたくない。

第25章

初めてのイエス

本物になる

出資を切望するスタートアップの創業者たちと会い、もっともトラクションの大きいスタートアップと、もっとも優れたチームと、もっとも定評ある投資家のグループを選んだら、投資に関心があることを創業者に伝えて書類を送ってもらう。

受け取った書類は、スタートアップ専門の弁護士に検討を依頼して契約概要の説明を受け、気になる点があれば指摘してもらう。弁護士が契約の概要をまとめるのにかかる時間はせいぜい1時間なので、費用を払う価値は十分にある。

プロラタの権利があることを再確認しておくこと（第21章参照）。もし契約になければ、追加するよう創業者に依頼すればいい。ほぼどんな場合も問題なく応じるはずだ。

契約を進める中で、あなたがどれほどわくわくしているかを創業者に知らせるべきだ。さらに、月次報告をもらって彼らの役に立つのがいちばんの楽しみだということも伝えよう。

創業者たちとの近況報告ミーティングを今から100日後に設定し、1年後のフォローアップコールの予定も決めておく。これらは予定表に書き込むだけの簡単な作業だが、私のちょっとした工夫は、割り当てる時間を20分だけにして、創業者たちが負担に感じないようにすることだ。必要ならミーティングの時間を長くしてもかまわない。

アーリーステージの調達ラウンドは、枠が埋まってしまったり強欲な投資家がラウンドを独り占めしようとしたりする可能性がわずかだがある。そうなったときは、創業者に「ラウンドの枠を増やすか、誰かを削るかして私を入れてくれないか？　一緒に仕事をして、関係者全員が大きく成功するのを手助けしたいんだ」と頼めばいい。

心から願えば受け入れられないことはまずない。そのラウンドは無理でも、連絡を取り続けていればいつか飛び込むことができる。なぜならスタートアップは決して資金調達をやめないからだ。決して。

山ほどの書類は電子的に署名して、ドロップボックスに保管しておく。可能なら、資本政策表の写しをもらっておこう。これがあれば誰がラウンドに参加して、それぞれどれだけ株を持っているが明確にわかる。

時間とともに、あなたはこの資本政策表を読むのが得意になり、ほかのエンジェル投資家やベンチャーキャピタルの投資戦略を解読できるようになる。

会社のことや投資した理由などをブログに書くこともできる。あるいは、秘密のままにしておくこともできる。いずれの場合も会社の代弁をしてはならない。ブログ記事を書くときは、創業者に見せて「これでいいかな?」などと確認しておくのがよい。

私自身、創業者として、こちらから頼んだとき以外に、自分の会社を投資家が代弁するのを快く思ったことはない。

そうそう、送金しなくてはならない。そしていずれ紙または電子媒体の株券も手にすることになる。誰もがすることではないが、紙でつくられた株券は魅力的だ。

おめでとう。

これであなたもエンジェル投資家だ。

第25章　初めてのイエス

第26章

創業者がエンジェル投資家とつきあう方法

――両方の立場を知る

読者が機転の利く創業者で、エンジェル投資家の考え方を理解するためにこの本を買ったのなら、ずるがしこくて卑劣なろくでなしなきみたちに敬意を表する。クラスでみんなの一歩先を行くきみたちは、先生の机から次のテスト問題を盗み出した――おめでとう！　今きみたちはあこがれの投資家とのミーティングにこぎつけて、答えるべき「4つの質問」（第18章）の準備を済ませ、その後エンジェル投資家が自分自身に問う4つの質問も予習した。

この本を読んでいれば、一連の質問に正しく答えるのは簡単だし、並外れたエンジェル投資家たちの評価基準を知っているので何が重要かもわかる。その評価基準とは、多くの人たちがすばらしいと感じ、手放せなくなるようなプロダクトやサービスをつくる能力だ。

アーリーステージの投資家と創業者は同じチームの仲間でもあり、勝利という同じ目標を目指している。創業者と投資家、選手とコーチ、兵隊と将軍、パダワンとジェダイ・マスター、生徒と先生。それぞれの間に時として起きる断絶は、つまるところコミュニケーションと実行方法と優先順位づけに行き着く。

この章では、創業者のために3つのことを解説する。第一に、投資家が検討していることを説明する。第二に、創業者が投資家とコミュニケーションをとる方法を伝授する。よいやり方も悪いやり方もある。そして最後に、忠誠心の価値について話そう。

エンジェル投資家は何を検討するか

エンジェル投資家が投じた金を取り戻すためには、創業者であるきみたちに成功してもらわなくてはならない。そのために、エンジェル投資家は創業者の最強の応援団になる。エンジェル投資家は創業者のことが大好きで、成功してほしいと思っている。だから、投資家が望んでいることを言おうと、事実を隠したり曲げたりしてはいけない。正直でいてくれれば助けることができる。

覚えておいてほしい。ある会社に投資してからリターンを得るまでには平均7年かかる

――戻ってくるとすれば、の話だが。20年の投資経験のあるエンジェル投資家が40歳からエンジェル投資を始めたとすると、リターンを得る頃には50歳近くなっている。その金を使うための時間はあと20年ほどだ。

私の会ったエンジェル投資家のほとんどは、戦場に留まりたいがもはや戦うスタミナもエネルギーもない疲れ切った戦士だ。きみたちのような若き剣闘士を支援するのは、自分よりも勝てる可能性が高いことを知っているからだ。

それがエンジェル投資家の秘密だ。本当は創業者になりたかった。でもなれなかった。映画の統括プロデューサーが、自分は俳優か監督か脚本家だったらよかったのに、と思うように、エンジェル投資家もなにかの一員でいたいのだ。気の利いた創業者は、エンジェル投資家に自分も仲間であるかのように感じさせる。監督がプロデューサーに撮影素材を見せたり台本について話し合ったりして、必要とされていると感じさせるのと同じだ。

そんなプロデューサーは、さまざまな貢献のできる業界のベテランかもしれないし、大金を使いたがっているだけの銀行家もしれない。今相手にしているのがどちらのタイプかを判断して、適した対応をするのが創業者であるきみたちの仕事だ。

また、われわれの投資の80~90パーセントは失敗することも、廃業につぐ廃業を耐えしのばなくてはならないことも忘れてはならない。それはエンジェル投資を始めて2年目、3年目そして4年目にことさら感じる憂鬱だ。

エンジェル投資家に特別な気持ちを味合わせたいって？　そうであれば、本人やポートフォリオがどんな調子か尋ねるといい。

仮にわれわれが得るリターンの95パーセントが1回の投資によるもので、80パーセントの投資が失敗するなら、きみたちは自らを評価するためにこう自問してみよう。自分はこのエンジェル投資家唯一の大ヒットなのか？　そこそこ成功した20パーセントなのか？　それともこの人物の注目を不相応に占有している意気地がなくもがき苦しむ集団の一員なのか？

もしきみが、投資額以上のリターンを生む20パーセントの中に入っているなら、初期の投資家たちと成功を分かち合おう。実際その投資家たちにはその資格があるのだから、ウィニングランをするべきだ。サムタックのマーコ・ザッパコスタやウーバーのトラビス・カラニックが電話をかけてきたり、会社の式典に招いてくれたり、ホリデーメッセージを送ってきたりしたとき、私はもっとも成功したもっとも忙しい子どもが、自分の生活の中に私を招き入れてくれた気持ちになった。まるで大統領になった友達からホワイトハウスに招待されるようなものだ。

実にすばらしい。

私が生徒／先生の関係と対等な関係、という2つのたとえを行ったり来たりしているのは、エンジェル投資家との関係は両方あり得るからだ。私がエンジェル投資したほとんどのケースで、創業者がスタートアップの世界で積んだよりもひと桁多くの経験を私は積んでいる。彼らにとって私はスター・ウォーズのオビワン・ケノービ師匠だ。

しかし多くの場合、私は対等の立場で議論する。教えるのでも導くのでもなく、むしろ一緒に戦う。

まれに、私よりずっと成功した人たちからアドバイスを求められることがある。一見滑稽に思えるが、億万長者の友人たちは全員がゼロからのスタートで、彼らが私の客観的アドバイスに耳を傾け、私も相談役の役割を楽しんでいることを考えると、案外実践的に役に立つのかもしれない。

エンジェル投資家とコミュニケーションをとるには

月次報告を送ること。あるいは月に2回の報告。なんなら、短い近況報告を毎週送ってほしい。われわれは手助けしたいのだが、最新状況がわからないと助けようがない。

獲物を狙うカモメから逃れて水際にたどり着き、サメから逃れて立派な大人の亀に成長したら、そこへ行くまでにはわれわれエンジェル投資家が手助けしたことを思い出してほしい。実際に大変な努力をしたのはきみたち自身だとしてもだ。

われわれを大切にし、大きなリターンを手にするのを手伝ってくれれば、次の創業者たちの一群に投資を続けられる。ホームランを打ったときには、きみたちの努力のおかげで、われわれの持ち分は投資した額の50倍、500倍、5000倍の価値になって返ってくる。われわれの幸運をねたむのではなく祝福してほしい。それは、われわれ自身の能力ではなく、われわれが信じたきみたちの能力を映し出したものなのだから。

われわれエンジェル投資家は、きみたちのほうがこのお金で大きな成功をつかめると信じた。それを踏まえて、次に大きなことをするときにはまた声をかけてほしい。次の資本政策表の貴重な枠をひとつ、われわれのために残しておいてほしい。そうすれば、またきみたちときみたちのすばらしい起業家としての能力に賭けることができる。

われわれはきみたち自身にも、短期間に大きな価値を生み出すきみたちの能力にも畏敬の念を抱いている。

さて、もしきみたちがおしゃれなオフィス空間や無意味なカンファレンスにわれわれの金を無駄遣いして会社を台無しにしたら、われわれの携帯電話にはつながらないと思ったほうがいい。

また、われわれの投資の成り行きを、特にうまくいっていないときに説明できなかったり、ほかの投資家がわれわれの権利を踏みにじるのを許したりすれば、携帯番号はなくなる。

人生は短い。忠誠心は意図の現れだ。エンジェル投資家に忠誠を尽くせないなら、そいつは価値のないろくでなしか、すばらしいナルシストのどちらかだ。どちらにしても、消え失せていい。

忠誠心

人生は短いかもしれないが、人の記憶は長い——たとえそう思っていなくても。

かつて誰かが私をだまして、そのことをまったく忘れていたり、気づきもしないという経験が何度もあった。初めて指摘したのは、なぜ私がそこと仕事をしないのかを相手が不思議に思ったあとだった。

反対に若い頃の私は、人を怒らせるようなことをしたり、汚い手のひとつや2つを使ったりしたこともあるが、相手が誰か忘れてしまったケースもある。

この本を読んでもまだ気づいていない人のために言っておくと、私は自分が率直であることを気に入っている。人生は短く時間は貴重なので早く核心に入りたいからだ。だから誰かが私をひどい目にあわそうとしたら、すぐに私は自分の立場をできるだけ率直に説明する。

これから、創業者と投資家にとって重要な事例を紹介しよう。これは私が「ジェイソン・カラカニスはいっぱい食わされない」と呼んでいる話だ。

ジェイソン・カラカニスはいっぱい食わされない

最近あるベンチャーキャピタリストの友人が、私がエンジェル投資した会社のシリーズAラウンドを勧められた。それは誰もがうらやむ投資案件だった。ここからの話は事実をぼやかして書くことにする。誰が関係していたかはみんな知っていることで、率直な対話のおかげでずっと前に解決しているからだ。

そのスタートアップの創業者であるシェーンから電話があり良いニュースを知らされた。「ジェイソン、ビックという投資家から、シリーズAで400万ドル出資する条件規定書を受け取りました！」（シェーンも、投資家のビックも、400万ドルも実際の名前や金額ではないので念のため）。

「すごいじゃないか、ビックが投資するなんて。彼は数年来の知り合いで、私のカンファレンスで講演もした親友だよ」と私は答えた。

創業者のシェーンは気まずそうな沈黙のあと、こう言った。「それが……お話ししなくてはいけない問題があるのです」

彼は、投資家のビックは、私が数多くの法的権利を放棄した場合に限り出資すると言っていると私に話した。その権利というのは「サイドレター」と呼ばれるものを介して私がどの契約にも追加したものだった。サイドレターというのは企業と投資家の間で、通常の契約条件に加えて結ぶ合意書のことだ。

多くの価値を提供し、共同出資者のシンジケートを連れてくる著名なエンジェル投資家である私の場合、この種の権利はどのエンジェルよりも強力だ。たとえば、シードラウンドをリードしたり株式の5パーセント以上を保有したりしている場合は、取締役の席を確保できるオプションや、プロラタ条項や情報請求権なども含まれている。

プロラタは、将来のラウンドで株を買い続けて持ち分のパーセンテージを維持できる権利のことだ。情報請求権は、範囲の広いものと具体的なものとがあるが、私のは非常に具体的で、重要な数値指標、取締役会資料、銀行明細や財務諸表などが含まれている。

こうした追加資料を要求する理由は、私が投資すると多くの友達も投資するので、万が一会社にトラブルがあったときにはできるだけ力になりたいからだ。こうした権利は、実際には会社を支配する能力を与えるものではなく、むしろほど遠い。しかし、多くの情報を得て高度な影響を及ぼす能力を私に与えてくれる。

話を戻そう。「ビックは、サイドレターを破棄しようとしている。それでもかまいませんか？」と創業者のシェーンは言った。

「よくない。だが投資家のビックが、きみの最初の支援者である私をこけにしたいと思っている、というのは興味深いことだと言っておこう。彼が今、この取引の初日に私をひどい目にあわせるのなら、これから先、ビックがどうきみを扱うか想像できるだろう」と答えた。

投資家のビックを電話で捕まえたとき、彼は興奮冷めやらぬ様子で、なぜ私が一連の権利を持つべきではなかったかを説明した。彼は私にはその資格がないと信じていて、私が権利を得るかどうかを決めるのは自分だと主張した。彼の論拠はこうだ。「この業界に入ったとき、私はほかの投資家から散々いっぱい食わされてきた。これもゲームの一部だ」

私はどうやってこの状況を収拾するのがよいか少し考えてから、冷静にこう説明した。「ジェイソン・カラカニスはいっぱい食わされない」。自分を三人称で語るのは醜悪な行為だが、前にも書いたように、私は簡潔な対話がいちばんだと信じている。

投資家のビックは、私がいっぱい食わされなければならない理由をもうひと言説明しようとしたので、私は彼を制止してこう言った。

「あなたが私の権利を踏みにじらないほうがよい理由を説明させてもらおう。私はこのチームのポイントガードだ。私が1年に30～40のスタートアップに投資した中で、成功したいくつかから声がかかり、あなたはそのひとつに400万ドルを投資することにした――私が3年前に投資したスタートアップだ」

私は非常に冷静な態度で話を続けた。「この契約で私の権利を踏みにじろうするなら、今後おまえにはボールを渡さない。代わりにおまえの競争相手にパスを回す。それだけじゃない。私はこの契約をベンチャーキャピタルのアルファとベータとデルタのところへ持っていって、彼らがこれまでに何社のユニコーンに投資してきたかを、おまえと比べて創業者のシェーンに説明する。アルファとベータとデルタにいる友達が、私にいっぱい食わせるかどうか、見てやろうじゃないか」

彼は一日考えさせてくれと言った。

その後私を訪ね、サイドレターはこのままにすべきだと言った。

それ以来私たちは、一緒にすばらしい仕事をしている。

この話には教訓が3つある。

第一に、エンジェル投資家は、自分の権利を文書化して戦い抜かなくてはならない。権利を尊重しなければならない理由を率直に伝え、尊重しないことによる影響を明確にする。ほとんどの場合、相手は足蹴にしたことをこっそりと詫び、故意ではなかったと言い張る。たとえ意図的であったとしても、エンジェル投資家がそれを許すことで、ほかの誰よりも深くより信頼のある関係を結べる。

第二に、企業の創業者であるきみたちは、新たな投資家や買収者が以前の投資家を踏みにじるようなことをきみたちにさせようとしたら、強い警戒心を持つべきだ。誰かが、きみたちの初期の支援者を足蹴にしようとしたら、これから先関係にひびが入ったとき、彼らがどんな態度に出るかを考えてみてほしい。正確に。

第三に、共同出資者あるいはレイトステージの投資家は、常に会社のチームスピリットを高く維持させなくてはならない。

スタートアップをつくることは残酷なほどの重労働であり、投資家同士の内輪もめは、創業者たちに与えるべき貴重な時間と配慮の無駄遣いである。

私にはこんな物語がたくさんあるし、この件に関して一歩も引かない私について、言いたいことのある人もたくさんいるだろう。

どの場合も、誠実な対話と深い協調関係を持ち、真剣に仕事に取り組むことが勝利を生むのだと私は思いたい。

私はそこに集中する。

それは、創業者であるきみたちが集中すべきことでもある。

第27章

月次報告書ほど重要なものはない

生存の証明

私の考えたスタートアップの簡単なルールには「ジェイソンのスタートアップのためのルール」というわかりやすい名前がついている。

「投資家に月次報告を送らないスタートアップは廃業に追い込まれる」

常に最新状況を投資家に知らせることは創業者にとって絶対条件だが、前にも書いたように、アーリーステージのスタートアップの状況は悲惨だ。人も資源も欠乏し、競争はし烈なので、創業者はノートパソコンに顔をうずめているほうが問題と向き合ったり検討したりするよりも楽だと思うようになる。

困難な会話を避けることは人間の本能だ。スタートアップの世界では——たとえ成功しているスタートアップであっても——あらゆる議論が解決方法のわからないもっと大きな問題へと発展していく。

駆け出しのCEOは、終わりのない低レベルの恐怖感にたちまち感染し、その結果、かつて何カ月も何年も追いかけていた投資家たちとのミーティングを避けるようになる。よく言っていることだが、金を渡したスタートアップから送られてくる月次報告書よりも、投資を見送ったスタートアップから送られてくる月次報告のほうが多い。

便りがないのは良い便りではない

創業者とエンジェル投資家の間のコミュニケーションに死のスパイラルが起きるのは、創業者が一切の問題を開示することなく資金が尽きたときだ。ある日私は投資したスタートアップの1社に電話をかけ、「どうだい調子は？　何カ月も連絡がないじゃないか」と言った。

創業者はこう答えた。「順調です、ただ共同創業者が辞めました」

「いつのことだね？」と私は困惑して尋ねた。なぜなら私が投資してからまだ1年もたっていなかったからだ。

「6カ月前です」と創業者は答えた。

「まあ、そういうこともある。それ以来ビジネスの状態は？」

「順調です。ただ資金が尽きました」

「いったい、いつ？」と私は尋ね、困惑してイライラを募らせた。

「4カ月前です。会社は畳みました」と彼は返事をした。

私は創業者に憤慨しただけでなく自分自身にもっと憤慨した。なぜこんなことが起きてしまったのか？　なぜもっと頻繁にチェックインしなかったんだ？

そのとき以来私は、創業者に月次報告書を送らせるために、業界全体にわたる十字軍を結成した。主な理由は私が読みたかったからだが、それだけではない。ビジネスの状況を報告するという単純な行動によって、創業者に自制心が生まれ投資家と日々の会話を交わすようになる。

報告が簡潔で洗練されているほど、エンジェル投資家が助けてくれる可能性が高くなる。追加で投資をしたり、信頼できて一緒に仕事をするのが楽しい創業者として友達に紹介したりしてくれるかもしれない。

エンジェル投資家は人から必要とされたがっている。だから自分のエンジェル投資家にそう感じさせない創業者は、もっとも有望な追加の資金提供源を取り逃がすことになる。

そんなドラマは、会社に投資する前に簡単な話し合いをして、投資したあとにも繰り返せば避けられる。私が好んで使う表現はこんな感じだ。

「きみたちから月次報告をもらいたい。そこにはビジネスの重要な指標と、前回の報告のあとで良くなったことや悪くなったことも入れてほしい。私やほかの投資家への要望もメールに書いていい。メールには残っている現金、バーンレート、いつ現金が尽きるかを必ず書くこと。そうすれば将来の資金調達計画が立てられる」

月次報告の正反対

私をもっともいら立たせた投資先は、ビデオプロダクション市場に早期に参入したある会社で、ここでは「ムービーギグズ」と呼んでおく。

この話を書くことには問題がない。なにしろその創業者たちは、エンジェル投資家の私を追い回し、多くの投資家と衝突したうえに、月次報告書を送らない理由があまりにばかばかしかった。ここで紹介することは読者にも彼らにとっても大きなサービスになると思う。

ムービーギグズは私が長年悩まされてきた問題を解決し、広く有望と見られていてトップクラスのインキュベーターにも入った。創業者たちは、ビデオ分野はブームになったもののビデオの制作はまだ複雑で、カメラマン、監督、音声技師、編集者までさまざまなスキルを持つ人が大勢必要であることに気づいた。

彼らはマーケットプレイスをつくり、そこにユーザーが結婚式のビデオ、ホテルのウェブサイトのウェルカムビデオなど制作してほしい内容を掲載しておくと、すぐにさまざまなベンダーから入札が来る。

私がこの会社に投資したあと、エンジェル・シンジケートにも紹介したところからトラブルは始まった。創業者たちは、自分たちのビジネスに投資したシンジケートのメンバーに、月次報告書を送らなくてもいいと考えた。彼らがインキュベーターの卒業生に相談したところ、情報がマスコミに漏れる恐れがあると警告されたという。私は決してそんなことは起きないと説得したが、彼らには投資家に最新情報を伝える法的義務はなかった。代わりに四半期ごとにビジネスの進捗進展を知らせると私に言ってきた。私は月ごとを要求した。彼らは四半期ごとを主張した。

報告内容は最小限で、ビジネスは初日からつまずいた。はっきりわかったのは、彼らは報告書を送る能力に欠けていただけではなく、おそらくスタートアップを経営する能力に欠けていたということだった。

定期的な情報をもっと送るようにと訴える私の傍らで、シンジケートのメンバーたちはますます不満を募らせていた。

その結果私は、シンジケートのメンバーに状況を説明しなくてはならないという厄介な立場に追いやられた。彼らはみな証券取引委員会の定めた要件を満たしたベテランの適格投資家だ。なぜこの創業者は金を集めておきながら、彼らが投資したビジネスの最新状況を知らせようとしないのだ？

たった今これを書いている最中にも、私の血は煮えたぎっている。誰かが投資してくれた小切手を現金化しようというなら、両者は互いにビジネスパートナーなのだから、パートナーには常識的な礼儀として近況報告をすべきだ。

あるとき私はこう言ってやった。「もし君たちの情報がリークされ、テッククランチやウォールス・トリート・ジャーナルの記事に載ったとしたら、喜ぶのか怒るのかどっちだ？」「そんなことあるんですか？　だったらすごいことです！」と彼らは答えた。

私は困惑して頭がくらくらした。この創業者たちは、自分たちの情報がマスコミにリークされればビジネスにとって有益であることを理解している。それなのに、自分の投資家に情報を提供してリークされるリスクは取りたくない。

さらに追い打ちをかけるように、創業者のひとりが彼らのインキュベーターに、近況報告をしないことに私が激怒していると言いつけたために、インキュベーターと私の間にちょっとしたトラブルを引き起こした。

年を追うごとに彼らのビジネスは苦しくなっていった。彼らとの経験を思い出すにつけ、この創業者たちに投資したのが間違いだったことを思い知らされる。

自分たちの投資家に月次報告書を送るという簡単な仕事をこなせない連中が、いったいどうやって会社の舵を取り、エグジットを目指すことができるのか？　エグジットの交渉は、月

次報告書を書くよりはるかに大変だ。

この章を書いている間、この終わりのないドラマに腹を立てた私は、少し時間をとってこの創業者たちとわれわれのシンジケートのメンバーにメールを書いた。

〈氏名削除済み〉、

［取扱い注意］

きみたちがわれわれの出資を受けてから3年近くが過ぎ、ビジネスを存続させるための時間はわずかしか残っていない。最低限、きみたちのビジネスに関する意味のある情報（売上、バーンレート、われわれが投資して以来の月次経費など）、われわれの金をどう使ったか、会社を救うためにしてほしいこと、などを伝える礼儀は持ちあわせているだろう。

率直に言って、きみたちは私がこれまで150以上の投資案件で一緒に仕事をした中で、もっとも非協力的な創業者であり、会社が失敗する瀬戸際にあってもまだ、われわれシンジケートに状況を知らせようとしないことにショックを受けている。われわれは、実際きみたちを助けられるかもしれない。それがエンジェル投資家の仕事だからだ。きみたち2人には心底失望している。失敗はスタートアップにつきものだが、投資家と対話しないことは決して許されない。会社の最後の数カ月に戦略を変更して、われわれと率直に話し合う方法はないのだろうか？

ジェイソン

追伸

シンジケートメンバーへ、私は将来私のエンジェル投資シンジケート（jasonssyndicate.com）が投資する全スタートアップに対して、月次報告書を送ることを約束させている。また、過去の投資先で追加投資を頼んできたところにも同じことをしている。ムービーギグズとの経験があってからのことだ。

このメールを送り、投資家シンジケートメンバーの前で創業者たちを非難してから1カ月後、彼らは週次報告書を送ってくると約束した——内容はムービーギグズとそのわずかばかりの資産のたたき売りについてだった。

月次報告書に返信する

私はグーグルスプレッドシートのA列にスタートアップ名、B列に今月、C列に前月の欄をつくっている。創業者から月次報告書が送られてきたら対応するセルに1を、送られてこなければ0を記入する。

0のセルは赤く、1のセルは緑色に着色され、全スタートアップから送られてきた報告書の合計が計算される。月ごとだけでなく通算も集計される仕組みだ。

1、2回抜けることがあったり、安定した会社なら隔月や四半期ごとだったりしても構わないが、音沙汰なしは絶対許さない。2カ月続けて報告がないときには、メールを送り「貴社の月次報告を見落としたでしょうか？」と言う。これは、われわれがメールを受け損なった可能性を伝えるシグナルで、スパムフィルターや大量のメールに紛れる可能性は常にあるためだが、要求はできるだけ丁寧にするよう心がけている。創業者はほとんどの場合に不安な状態にあることを知っているからだ。

私はエンジェル投資家として創業者に無用なプレッシャーはかけたくないし、くだらないレポートなどを要求して無駄な時間を使わせたくもない（検索すればわかる）。しかし、いつでも助けるつもりがあること、会社に投資したことを真剣にとらえていることは伝えなくてはならない。

報告を受けたら、通読して簡単なフォローコメントを書くのがよい。うまくいっていることにはポジティブに（「あの営業部長を採用できたのは上出来だった」）、何かを失ったときは思いやりを示そう（「CTOがいなくなって残念に思う。後任を探すためにリンクトインでシェアするための職務明細書はあるかい？」）。

似たような体験があるかどうかにもよるが、役に立てる方法は必ずある。私はこれを、指示ではなく質問として言うようにしている。たとえば、次の2つの文を見てほしい。

「フェイスブック広告を出すべきだ」

「フェイスブック広告の利用を考えたことはありますか？」

もし投資家全員が前者をメールしたら、創業者は親に指図された子どものように感じるだろう。「指じゃなくてフォークを使いなさい。ナプキンは膝の上に置きなさい。ブロッコリーを食べなさい、背筋を伸ばして座りなさい、ミルクを全部飲みなさい」

これを、子どもたちに適度な量の食べ物を与え、十分な注意と気配りを与えている親と比べてほしい。

目的の結果を得るためにはどちらが効率のよい方法だろうか？

当然、後者だ。

第28章

エンジェル投資家の悲惨な2年目

連敗街道

この本に概要を示した基本システムのとおり、まずシンジケートで10回賭けてから、20カ月の間に2万5000ドルの投資を20回こなせば、2年（8四半期）足らずの間に51万ドルを動かすことになる。ところでこの本では時間の単位に四半期を使うことが多いが、それは業界がこのリズムで動いているからだ。企業が上場するときばかりでなく、非公開企業も同じだ。

2年目、投資を始めてから5、6四半期が過ぎたあたりから奇妙なことが起こり始める。初めての四半期に投資した10社ほどが、再び資金調達が必要だと言い始めるのだ。思い出してほしいのだが、スタートアップが資金調達するとき、12〜18カ月の助走期間を設定する。これは調達した金額を平均的な月のバーンレートで割った数字だ。つまり、チームメンバー5人のスタートアップが月に3万ドル使って売上がゼロだとすると、10カ月間に30万ドルをバーンさせることになる。あっと言う間の出来事だ。この同じスタートアップが50万ドル調達したとすると、売上がまったくない場合でも16カ月と少し続く。

もし例にあげたスタートアップが月に1万ドル稼げば、助走期間は飛躍的に延びる。これだから売上があるということはすばらしい。ブレークイーブン（収支トントン）ならもっといいし、利益を出すのがもっといいのはもちろんだ。

ほとんどのスタートアップは18カ月分の資金を調達しようとするが、1年分以下しか集まらないことがしばしばある。早期の投資先の創業者の多くが、投資後9～15カ月たったあたりから、恥ずかしそうにエンジェル投資家をコーヒーに誘い始めるのはそのためだ。

アーリーステージスタートアップの資金調達プロセスは2～4カ月かかるのが普通なので、投資を始めてから最初の四半期の投資先だけでなく、第2、第3四半期に投資したスタートアップの中でも、調達プロセスの早いスタートアップや、倹約家でないスタートアップから、「今いいですか？」というメッセージが飛んでくるかもしれない。

以前、アーリーステージスタートアップの死亡率は70、80～90パーセントだと言ったことを覚えているだろうか？　実は読者はもうすぐ赤ちゃん亀を何匹か見る。最近生まれて壮大な海へ向かう途中に凶悪なカモメの群れに手足をもがれた亀の子どもたちだ。

適者生存のあからさまな実態を見るのはつらくて不安をかきたてられるだろうが、これはエンジェル投資家が選んだ道なのだ。創業者が泣いたり、取り乱したり、金をせびるところさえ見ることになるかもしれない。チームの信頼関係は崩れ、会社を辞めてもっと有望なスタートアップに行ったり、さらに残酷なことにグーグルやフェイスブックから、太刀打ちできないような条件を突きつけられたりすることもある。

倍賭けする

実績のある会社の創業者が追加ラウンドの資金調達をするとき、彼らはただ新しい投資家を見つけたとだけ言ってくる。取締役になってくれるベンチャーキャピタリストかもしれない。そして読者に新しい条件を伝え、プロラタの権利を行使するかを尋ねる。

締切日が設定され、読者はイエスと言って再投資をするか、ノーと言って持ち株が新しい資金で希薄化されるのかを選ぶ。これは、しょっちゅう起きることではないが、起きたらできるだけ時間をかけて、新しい投資家がスタートアップのどこに注目して投資したかを突き止めるべきだ。

高値で買う人がいるなら、おそらく読者は当たりを引いたという意味だから、あと10万ドル注ぎ込むのも悪くない。初めに賭けたのが2万5000ドルなら、4倍賭けになる。シンジケートのメンバーとして1000ドル賭けたなら、たぶん、100倍賭けだ⁉

行き先のない橋

失敗しつつあるスタートアップを目の前にした読者は資金投入を続けて、次の投資家が見つかるまでの「ブリッジ」（つなぎ）を与えたくなるかもしれない。

しかし、トリアージ（重症度を判定して治療の順番を決める）の際は基本ルールを決めておく必要がある。なぜなら全員に行き渡るのに十分な血漿《けっしょう》、いや資金はないからだ。3年目と4年目は、投資家の判断の正否を創業者が教えてくれる時期だが、1年目と2年目は、投資家が自分は何もわかっていなかったと気づかされるつらい時期になる。

悪い創業者は、2年目にはすぐに露呈する。その頃に売るのは、アイデアやチームや新しいプロダクトの約束ではなく、実績だからだ。実績があれば、追加の資金は調達できる。実績がなければ、そのスタートアップは消えていく可能性が高い。そしてそれはエンジェル投資が過酷である理由だ。

かつて愛していた会社が突然消え、自分からさよならを言わなくてはならない。

悪いニュースはすぐ大量にやってくるが、良いニュースは届くまでに何年も（時には10年）**かかる。**

そのスタートアップがプロダクトを販売しているか、マーケットプレイスを運営しているなら、再投資すべきかどうかを判断するための非常にシンプルな指標がある。売上だ。6カ月以内にそのスタートアップが売上を上げ始めたら、次の6カ月の売上を予測できる。その会社を「ブリッジ」(つなぎ投資)するべきかどうかを合理的に判断するためには、NPS(ネットプロモータースコア)(第31章参照)を見る必要がある。

ブリッジラウンドは死の宣告ではない。多くの会社がこれを経験し、大きな成功を収めているが、さりとてすばらしい兆候というわけでもない。なぜなら、会社の価値を実証するために新しい資金を得るわけではないからだ。

ブリッジ資金を提供する場合、その金で何を達成できるかについて、創業者と率直な会話を交わす必要がある。いくつかのゴールと、新しい資金でスタートアップがどう変わるのかをプレゼンさせるのが普通だ。

多くの創業者は、私が「機能のデスマーチ」と呼ぶ状態に入っている。自分たちのプロダクトにあと2つか3つ機能を追加すれば現状を打破できると信じている。そうなることもある。しかし、ほとんどの場合そうはならない。

「救世主探し」に走る創業者もいる。チームにスーパースターがひとり加われば、すべてがうまくいくと信じている。通常、販売担当幹部またはグロースハッカーがひとり必要だと考える。そうなることもある。しかし、ほとんどの場合そうならない。

「パートナー・パレード」にはまる創業者もいる。最重要なこの提携さえ結べば、抜け出せると信じている。そうなることもある。しかし、ほとんどの場合そうならない。

ここにひとつのパターンが見える。創業者は、ひとつの魔法のイベントが会社を救うと信じている。それが機能追加であれ、チームメンバーであれ、顧客であれ。この戦略を提示された場合、エンジェル投資家は自分に対して質問を2つ投げかけなくてはならない。第一に、このイベントひとつが彼らの軌道を変えるというのは本当なのか？　第二に、今回追加する資金があれば、そのイベントは実現可能なのか？

機能追加のケースなら、彼らがその機能をテストしたのか、開発を始めたところなのかを確認すべきだ。開発やテストにどれくらいかかるかを尋ねてみればよい。創業者が2カ月と言ったら、単純に3倍した数をブリッジ（つなぎ）の期間と比較する。仮にそれがプロダクトの運命を変えるキラー機能で（十分あり得る）、ブリッジ資金があれば9カ月の時間を買えると読者が考えるなら、このブリッジは理にかなっているのかもしれない。

同じ手順は救世主の理由付けにも適用できる。この創業者は新しい販売担当幹部を見つけて、採用できるのか？　採用できるなら、その新しい販売の救世主に会って、売上が上がるまでどれだけかかるか尋ねよう——ここでも予想を3倍する。救世主が来るのが来月で、2カ月で軌道に乗せるというなら、売上が上がるまで7カ月かかると予想できる。

もし創業者がこの販売の救世主とまだ合意に至らず、それでも誰かを雇わなければならないなら、最低でも3カ月、おそらく6カ月はかかる。誰かを見つけるのに6カ月、売上が上がるまでの6カ月を加えると、15カ月分のブリッジが必要だと気づく。

もうおわかりだろう。ブリッジラウンドは、実に多くの場合「渡る先のないブリッジのラウンド」になるのだ。

ただし、いくつか例外がある。たとえば、毎月の売上が1万5000ドルで、前月(7500ドル)の2倍、2カ月前(4000ドル)のほぼ4倍あり、支出が毎月5万ドルだとしよう。さて、この会社のバーンレートはわずか3カ月間に4万6000ドル、4万2500ドル、3万5000ドルと減少してきた。もし、もう一度売上が倍増すれば、バーンレートは月2万ドルになるので、25万ドルのブリッジ資金があれば黒字化も可能だ。そうでなくても月に3~4万ドルの売上があれば新しい投資家が賭けを続けるには十分だ。

まだ売上がなく、そこを超えれば一気に普及率が跳ね上がるクリティカルマスに達しているか収益化を目指す消費者向けサービスなら、ツイッターやインスタグラム、フェイスブック、スナップチャットがそうだったように、成長に注目していればよい。サービスが無料で、残高が毎月5万ドルずつ減っているのに成長していないなら、何かが大きく間違っているので、読者は賭けるチームを間違えたのかもしれない。

ピボットするかやり抜くか

ビジネスや戦略の文脈でピボットという単語が何を意味するかはみんな理解していると

思っているが、ここではシンプルに「環境の変化に基づき、あるいは新しい情報を踏まえて戦略を変えること」と定義する。

卓越した創業者が奥深い何かを学び、成功の見込みのないビジネスを意義のあるものへとピボットした例は数多い。たとえばツイッターは、エバン・ウィリアムズが彼のポッドキャスティング会社のオデオに失望して始めたプロジェクトだった。

チャットプラットフォームのスラックは、スチュワート・バターフィールドがビデオゲームのスタートアップ、グリッチの失敗を踏まえてピボットした結果だ。噂によるとグリッチは、スラックにピボットする前に資金の大半を使い果たしていたらしい。

スラックが大ヒットしたことは驚くにあたらない。なぜならこれは、スチュワートにとってキャリア上、二度目の大成功したピボットなのだから。スチュワートは、ネバーエンディングというこれも失敗したビデオゲームのスタートアップを経営していたとき、ピボットしてフリッカーをつくり、2005年に2000万ドル以上でヤフーに売った。

いずれの例も最終的に創業者をずっと大きい成功へと導いているので、以前のビジネスを「失敗」とは呼びにくい。

2年目は散々だが、エンジェル投資の後半、中でも3年目と4年目は良いニュースに恵まれるし、時にはすばらしい吉報が舞い込むこともある。

第29章

片時も目を離すな

トンネルの先の光

十分な覚悟と理解のないままエンジェル投資を始めると、深い心理的ダメージを受けることがある。5～6回投資したあと、とにかく一連の手続きに嫌気がさして文句ばかり言っている投資家を何人も見てきた。

スノーボードやポーカー、カイトサーフィン、恋愛もそうだが、長期的な成果を手にするには痛みが伴う。それを理解するには学習期間が必要だ。生涯最高のラブストーリーにはおそらく浮き沈みもあるだろうが、最後まで思いを貫き通した人たちがもっとも報われることが多い。

カイトサーフィンやスノーボードの最初の2日間は、しりもちをついたり夜通し体が痛くなったりする。目が覚めるとまるで車にはねられたような気分になり、もうやめたいと思ったその直後、ついに奇跡的に立てるようになる。生涯最高の不思議な力がみなぎり、体とボードが一体となって生身の人間が体験できるとは思えないスピードと自由をわがものにする。

スタートアップの経営やエンジェル投資を、真っ暗で照明のスイッチがひとつしかない巨大な体育館に放り込まれた場合にたとえてみよう。暗闇の中で自分が何をしているのか見当もつかないまま手さぐりで動き回っている。やがて小さなスイッチを見つけて、つまみを上げると、すべてが明らかになる。

スイッチを探すためには、5回、10回、いや50回の投資が必要だが、一度見つけてしまえば、まるで天才になったような気分になる。投資がうまくいかない——特に2年目（第28章参照）——ときの恐怖もいら立ちも心配も消え、十分避けることのできた納屋の火事で2万5000ドル、5万ドル、あるいは10万ドルという現金の束が燃え上がるところを見てもある程度冷静でいられるようになる。

札束が燃えるのを笑顔で見ていられるのは、諦めずに学び続けていれば、もう一度手に入れてもっと札束を高く積み上げられることを知っているからだ。

前にも書いたように、私の時間の99パーセント——週によっては100パーセント——は、私のポートフォリオの中に何十社もある、苦闘するスタートアップの対応に費やされている。チームの中心メンバーが抜けて資金も尽きそうだったり、グーグルやフェイスブックといった裕福なライバルが競合製品をつくって無料で配ろうとしていたりする――あるいはつくると脅されている。

この人生を選んだのは読者自身であり、この本を読んでいれば勝ち目がどのくらいかはよくわかっているはずだ。

勝者に4倍賭けする人や長期的視点に立つ人が有利なようにカードは並べられている。初めは損をしても、大きな勝利はプロセスの終わりにやってくることに気づく自己認識のある人たちが有利なように、カードは並べられている。

パニックは伝染する

読者や創業者たちがいつまでも動揺しないで仕事に戻れるための、心理学的技法がある。

文句を言っていても何も始まらない。いつも愚痴をこぼしている人は、そうでない人より幸せになれない。

自分がひどくいら立たしい状態にあると感じたら、マーク・ゴールストンの『最強交渉人が使っている一瞬で心を動かす技術』（ディスカヴァー・トゥエンティワン刊）で読んだテクニックをお薦めする。彼のアドバイスを要約するとこうなる。「くそっ」というリアクションから「どうしてこんなことに」と感情を放出し、「しかたがない」「まあいいか」をへて最後はシンプルに「オーケー」と言って自分をなだめる。

突然悪いことが起きたり（第30章のスパロー社を参照）、誰かにひどい目にあわされたりしたとき（第9章参照）、ものごとが恐ろしく悲惨に見えてくる。しかし、今自分は正常な悲しみという立ちのフェーズを通過しているのだとわかっていれば、そのフェーズの通過速度を加速させることができる。

最近私は、何か大事件が起きたときは、「もうダメだ」という最初のリアクションから、「まあいいか」、そして「オーケー、できることに集中しよう」までかなり早く移れるようになってきた。

負けるのは面白くないが、負けに費やす時間とエネルギーが大きければ大きいほど、敗者になった気持ちが強くなる。そうではなく、勝者に4倍賭けしてそこに費やす時間を増やすべきだ。

投資先のスタートアップが何年も非常事態を続けた末に不振に陥ったとき、私はまるでフィクサーのように創業者に歩み寄り、ただ「調子はどうかね？」と尋ねる。創業者はふつう10分ほどで話し尽くす。そこで私は同じ質問を別の言い方でもう一度尋ねる。

「ほかに聞いておくことはあるかな？」

私は創業者を鷹のような目で監視する。二度目の試みで彼らが本当のことを言わざるを得なくなったとき、私は相手の目を見ながら今起きていることをそっと繰り返すことで、安心感を与える。たとえば、「うーん……CTOがいなくなって資金は10週間分しか残っていないということか」といった具合だ。

ベースラインは決まった。今あるのは現実だ。取り乱しても事態は改善しない。飛行機のパイロットに操縦を代われと無線で言っても無駄だ。きみたちは飛行機に乗ってもいないのだから。私は、創業者が問題点を説明し、私が「今後の計画は？」と質問して確認したあとに、彼らの世界観を聞くのが好きだ。そしてこう続ける。「私は何をすればいいかな？」

創業者の仕事は大変だと思ったことだろう。しかし実は創業者、中でもCEOは地球上で最悪の仕事だ。チームの優秀な人たちが解決できない大問題はすべてCEOに回ってくる。しかもあらゆる方向から攻撃にさらされて相談する相手もいない。

CEOが投資家にどんな大惨事が起きているかを話せば、資金提供を続けてくれる可能性は低い。大惨事が起きていると社員に話したら、会社を辞めるか恐怖で凍りつくかのどちらかだ。

考えてみてほしい。この人たちがほかの仕事をやめてこの創業者についてきたのは、創業者の情熱に飲み込まれたからだ。だから創業者のパニックに社員が飲み込まれるのも当然だ。CEOの仕事は、感情のジェットコースターを滑らかに走らせることだ。創業者と同じ高低差を社員に体験させてはいけない。彼らは創業者ほどこの種の乱高下に対処できない可能性が高いからだ。

私が思うにエンジェル投資家にとっていちばんの仕事は、CEOが苦闘しているときにはそこにいて、話を聞いてもらっていると感じさせ、自分が味方であることを確実にわからせることだ。地雷が埋まっている場所を教えて正しい方向に導くことはできても、運転を交代してパイロットになることはできない。

創業者にも自分に対しても常にポジティブかつ率直でいれば、苦境を乗り越えられる可能性は高まる。たとえ失敗してもポジティブでいられる。

実際私は、失敗した創業者全員を私のインキュベーターに繰り返し連れて来て、失敗した話や学んだことを話してもらっている。創業者に話をさせることで、彼ら自身の外傷後ストレス障害が緩和されるし、私のインキュベーターの創業者予備軍はこれからの旅に備えることができるし、私は自分にとってなにより重要な「仕事をする」ことに集中できるようになる。

人生には支配できること、まったく支配できないこと、そして部分的に支配できることがある。努力は、知識や労働意欲のように完全に支配できることに費やすのがいちばんだ。

学習を怠らず一生懸命働けば——どちらも本人の努力次第——きっといいことが起きる。これは、創業者にも投資家にも等しく有効であり、だから私のキャッチフレーズは「懸命に努力する」だ。

投資先企業を代弁してはならない

スタートアップのエンジェル投資家である読者は、彼らの広報部長ではないことを認識する必要がある。あなたがスタートアップの投資家になったことは、対策を講じて隠さない限り、ほぼ間違いなく世間に知れ渡る。

テクノロジー業界には大勢のジャーナリストが控えているうえに、投資活動を追跡するためのデータベースが何十とある。

読者がスタートアップの投資家であることが公になると、マスコミは必然的に電話をかけてきてスタートアップについてコメントを求める。マスコミは友達ではない。多くの場合、彼らは敵だ。ほぼどんな記事にも筋書きがあり、多くの場合それはスタートアップにとってポジティブなものではない。

往々にして、マスコミの引用には誤りがあり、コメントは文脈を無視して使われる。たとえば、あるスタートアップについて驚くべきことを7つ話したあと「しかし競争は厳しい」と言ったとする。記事の見出しは「フェイスブックの投資家、競合との苦しい戦いを予告」になる。

マスコミにぺらぺらとしゃべることによって、あなたを恨む創業者がひとりは出てくる。しかも、あなたは自分のマスコミへの露出と引き換えにパートナーを裏切る人間だというシグナルをほかの創業者に送ることになる。

マスコミが接触してきたら、すぐにすべきことが2つある。第一に、メールを創業者に転送し、「返信してほしかったら知らせてほしい」と書く。第二に、ジャーナリストには一切返信しない。彼らは相手に返信させることについては実に抜け目がない。

「コメントはない」というコメントでさえ、ジャーナリストはこんな見出しをひねり出す。

「フェイスブックの投資家3人、ザッカーバーグの5度目の訴訟へのコメントを拒否」

この本を書いている時点で、私の投資先の中でももっとも著名なウーバーがマスコミに叩かれ、私をちょっとした苦境に陥れている。私はこの会社の物を言う株主のひとりだが、当然ながら月に数百万人を運ぶ会社の内部問題を残らず説明されているわけではない。

こういう場合にできる最善の手だては、創業者と経営チームを個人的にサポートし、彼らの抱える問題の解決を手助けすることだ。創業者自身に頼まれない限り、絶対にマスコミと関わってはいけない。

私が自分の投資先について公開の場でコメントしているのを見たら、必ず会社の了解を得たうえだと思ってよい。

なにかと人前で投資先企業を批判する投資家もいる。しかし、私は決してやらない。私が思うに、株主の仕事は舞台裏で問題を片づけることであって、問題を増やすことではない。

これは、創業者を代弁するのが好きな私の友達への当てこすりではない。単にものごとを進めるスタイルの違いであり、私は自分のやり方が建設的だと思っている。

資金管理

自分の資産を適正に管理していれば、ずっと簡単にエンジェル投資を楽しめる。これまで書いてきたように、純資産の5〜10パーセントをエンジェル投資する方法はやってみる価値がある。安定した収入のある若者ならおそらく資産の20パーセントは注ぎ込めるだろう。重要なのは、賢く配分することだ。

資産が500万ドルか1000万ドルの人がエンジェル投資に100万ドル注ぎ込むとすれば、純資産の10〜20パーセントに当たる。すべてを失っても、半分しか戻ってこなくても大きな問題ではない。５回か10回リターンが得られれば、純資産を倍にできる。しかもその間に多くのことを学べる。

ただし、最初の10回は１０００ドル単位のシンジケート投資をしてほしい。掛け金の低いテーブルで学習すれば、間違えても悲惨な目にあわずにすむ。この本では、その後２万５０００ドルずつ20回賭けて、勝者に４倍賭けして10万ドルの追加投資をすることについて話をする。このモデルでは、エンジェル投資ポートフォリオの12・５パーセントを超える投資はひとつもない。そのポートフォリオは読者の純資産の10〜20パーセントにすぎない。つまり、１回の投資が純資産の１・２５〜２・５パーセントを超えることはない。

エンジェル投資で問題になるのは、投資先が少なすぎる場合（たとえば25万ドルずつ４社）や、投資に至るプロセスが短すぎる場合だ。あわてる必要はない。偉大な会社はいつでも現れる。消費者向け市場では特にそうだ。

私の勧めに従って資産管理をしていれば、１０００ドルの損は気にならなくなり、２万５０００ドルの損は「まあいいか、純資産の０・２５パーセントか０・５パーセントだし」と思い、12万５０００ドルの投資なら、「くそっ、まあいいか、オーケー。すばらしくはないけど、この会社は本当にうまくいっていたから４倍賭けしたんだ。あれは、賢い賭けだった」と言えるようになる。

シリコンバレーには金持ちが毎日やってきて、われわれプロが見送った会社に25万ドルや50万ドルの小切手を書く。そして痛い目に遭う。まるで大きなポーカーゲームにやってきた金持ちの経営者が、山ほどの金を賭けて、最強の手札で勝てなかったときのようだ。

毎回勝つ必要はない。毎日勝つ必要もない。しかし、長期的には勝つ必要がある。エンジェル投資は10年続く営みだと考えよう。

始めるのは簡単、やめるのは大変

会社を始めるのは実に簡単だが、「エグジットで」終わるのは本当に大変だ。私の部屋の壁には、「始めるのは簡単、やめるのは大変」と書かれた紙が、私が会社を経営していた10年間ずっと貼ってあった。

創業者は、難しいのは資金を調達することだと考える。そして入金されると、自分たちの投資家の資産をばら撒き始める。その時点で創業者は、資金を集めることより、投資家にリターンを渡すことのほうが難しいことに気づく。

それは、大統領選挙に出馬するのに似ている。難しいのはキャンペーン活動をして選挙に勝つことだと思うだろうが、勝利していざ職務を始めてみると、大統領の仕事のほうがずっと難しいことに気づく。

エンジェル投資家は、近年は創業者が簡単に会社をつくれることを理解しておくべきだ。サーバーやソフトウェアや通信帯域がコモディティ化し、コストがないも同然になったうえ、優れたプロダクトを少人数で簡単にデザインできるようになったからだ。しかもフェイスブックやグーグルのように膨大なスケールでターゲティングのできる広告ネットワークがあれば、顧客を2～30社集めることさえ難しくはない。

2週間あればツイッターのクローンをつくって1000ユーザー集めることができるし、チャットソフトウェアのスラックならその半分の時間でつくれる。今やこの手のプロジェクトを始めるのには数千ドルと数週間あれば足りるが、意味のあるエグジットを達成するには数百万ドルと長い年月が必要だ。

失敗から学ぶ

シリコンバレーにやって来て2年間で30社のスタートアップに投資をする。これをハーフタイムかフルタイムの仕事にして、過去の成功と失敗を振り返り、ほかの投資家や創業者と時を過ごしていれば山ほどのことを学べる。賢明な人なら、この本を投資を始める前に読み、スタートアップ10社に投資したあと、そして20社に投資したあとにも読み返すだろう。なぜなら私がここで紹介した教訓は、25年間の業界生活で100を超える投資を経て集めたもので、時代を超えていると同時に変化を続けているからだ。

私が投資を始めた頃、1年に今の10分の1ほどしか新しいスタートアップが設立されなかった。あの頃うまくいったことが、今はうまくいかない。当時はたとえまだプロダクトがなくても、優れたチームに投資するのは賢い行動だった。今では創業者がプロダクトを完成させて市場に出すまで投資を待つのが、ほとんど当たり前になっている。

これから5年、10年の間にものごとはまた変わるだろう。そして、市場がどうなっていくのかを理解する唯一の方法は、勝者だけでなく市場で失敗した人からも学ぶこと――そして自分の予測と行動を事後分析することだ。

敗者にこだわる必要はないが、私なら彼らに思いを巡らせ、パターンを見いだそうとするだろう。私はこれをやって、自分の投資戦略の穴をいくつか修正できた。私が投資を始めた頃の最大の穴は、私や非常に能力の高い友人たちが実行できる計画なら、投資先にもできて当然だと思ってしまったことだ。創業者はみな、粘り強くて簡単には死なない連中だと思い込んでいた。しかし、5～6社のスタートアップが降参して投資家に1ドルにつき5～10セントの見返りを渡すのを見たとき、誰もが自分や友人と同じではないことを思い知らされた。

人生には、経験しなければ得られないものがある。

それがエンジェル投資だ。

第29章　片時も目を離すな

第30章

エグジット――すごい会社は売るのではなく買われる

儲ける方法

エンジェル投資家がスタートアップに投資して儲ける方法には、IPO、非公開株式市場、M&Aの3つがある。その際エンジェル投資家自身が株を自発的に売る場合と、結果的に売ることになる場合がある。

いちばんうれしいけれども、めったに起きない株の売り方は、スタートアップが大きくなって株式公開（IPO）するときだ。IPOが実施されると、スプレッドシートの中にあった流動性のない株式が、あなたのEトレードかチャールズ・シュワブ、あるいは――理想的には――ウェルスフロントといった投資会社の口座に魔法のように移動する（第9章参照。私はウェルスフロントのアドバイザーだ）。

第30章 エグジット――すごい会社は売るのではなく買われる

こうした株は通常最初の6カ月間はロックされているが、「ロックアップ期間」が過ぎれば会社やほかの投資家や創業者の許可なしで自由にできる。持ち続けることも売ることも可能だが、この時点で価値はほとんど現金と同じだ。

IPOのあとに株を持っておくべきか、売るべきか? どんな金銭的決断でも同じだが、それはその人の生活水準、リスク耐性、およびその会社の強さと可能性に左右される。

何倍にも急成長したグーグルやフェイスブックに投資している人は、資産の99パーセント以上を1社の株に賭けているのではないだろうか。それはとんでもなく恐ろしい状態だ。ある友人は、フェイスブックが1株38ドルでIPOしたあと苦戦していたときに、持ち株を全部売り払った。彼は10ドル台の後半で株を売ったが、数年のうちに5倍にはね上がるのを黙って見ているしかなかった。この場合、違いは価値にして数億ドルと数十億ドルになる。こんなことは起きたとしても贅沢な悩みではある。

たとえばツイッターのケース。私の友人は2014年のピークに1株69ドルでこの会社の株を売ったが、ほかの人たちは2016年に1株15ドルになるまで持っていた。わずか24カ月後のことだ。

仮に読者がフェイスブックかツイッターの株主で、資産の90パーセント以上をこの2社に注ぎ込んでいるなら、知っておくべき合理的な投資理論がある。それは分散投資だ。テクノロジーに楽観的な人なら――今この本を読んでいる1960年以降に生まれた人ならそうに違いない——ツイッター株の1億ドルを、好きなテクノロジー銘柄トップ5に注ぎ込むべきだった。たとえばフェイスブックかアマゾン、ネットフリックス、グーグル（合わせてFANGと呼ばれている）などだ。そのほうがずっと健全だ。

シリコンバレーにいる人なら誰でも、FANGのほうがツイッターより有望だと知っている。ツイッター株の80パーセントはIPO価格か直後の急騰していた頃の価格で手放して、FANGの巨人たちに分散しておくほうがずっと賢明だった。

FANGのほうがツイッターより経営状態が良いことは天才でなくてもわかる。売上とユーザー数の伸びを見るだけでよい。

この本を執筆している時点で、多くのスナップチャットの投資家が近々巨大なリターンを現金化できそうな状態にある。その人たちも次の質問に答える必要がある。

「スナップチャットは、FANGと同じくらい経営状態が良く、急成長中で、株価も高い会社なのか?」

私ならすぐに分散する。なぜなら10年後か20年後、スナップチャットはなくなっているかもしれない——しかしFANGは違う。

株を売ることも分散することもできたのにそうせずに破滅したペーパー長者を、私は何人も知っている。事実、この本を書いている私も、将来1社か2社の株のために純資産が急降下することも急上昇することもあり得る。

非公開株式市場（セカンダリーマーケット）

ツイッターとフェイスブックが2007年から2010年にかけて急成長した結果、驚くべきことが起きた。非公開企業の株を売買する市場が登場したのだ。その理由は、（1）早すぎる上場を望まない非公開企業と、（2）非公開企業の大株主になりたいレイトステージのベンチャーキャピタルによる巨大な民間資金、という2つが同時発生したためだった。

多くのエンジェル投資家とベンチャーキャピタリストは、創業者が早期に株を現金化できるようになることに抵抗した。しかし、彼らに500万ドルか1000万ドルの株を売るのを許すことで、無一文の新米経営チームから大きなプレッシャーを取り除けることに、投資家たちはすぐ気づいた。

銀行口座に1万ドルあって、出費が毎月1万ドルの人は、低～中程度のプレッシャーを常に受けているが、口座に300万ドルから700万ドル（納税後）を持っている人は、ロフト付きの家を買って毎年家族と一緒にファーストクラスで休暇を楽しむ余裕がある。食事や衣服や休暇に使うお金を心配する必要はなくなり、人より先行している気分でいられるだけの「保険」もある。

さて、創業者が2000万ドルか、5000万ドルか、1億ドルの未公開株を売ったとすると、投資家は非常に危険な立場に置かれる。その創業者は家を買い、飛行機を買い、ボートを買う可能性が高く、そのために膨大な雑念を抱えることになるからだ。毎月1万ドルだった出費が突如10万ドルになり、あの贅沢なライフスタイルをどうやって維持するかという心配は振り出しに戻る。

エンジェル投資家はこういう案件の情報を容易に知り得るので、私はそのチャンスを利用して折りを見て投資を分散している。投資先の中に勝者がいて急騰しているときは、値上がりするのがわかっているだけに売る決断を下すのは難しい。しかし、勝ち分の10パーセントか20パーセントか30パーセントを十分高い価格で手放して次の投資に注ぎ込めば、よく眠れるようになることは間違いない。

ある有望なスタートアップの株を1000万ドル持っていたとする。その20パーセントを売ったあとで、スタートアップの株価が5倍になった場合、投資家の資産は4200万ドル（最初に売った額の200万ドルと、売らなかった800万ドルが5倍になった4000万ドル）だ。しかし株を売らないほうにすべてを賭けていれば価値は5000万ドルになっていた。

もしその時点で読者が一文無しだったら、この200万ドルでずいぶんプレッシャーから解放されただろう。セラノスのように会社が完全に崩壊したり、IPO後のジンガのように80パーセントの暴落といった打撃を受けたりしたとしても、全部がゼロになる代わりに利益を確定しておいたことが賢い選択だったと実感できるはずだ。

私がポーカーをプレイしていて最高の夜だと感じるのは、5万ドル勝ったときではない。5万ドル負けた状態から這い上がり、5000ドルを持ってテーブルを去るときだ。

M&Aに気をつけろ

エンジェル投資家が利益を上げる第三の方法はいちばんありふれている。スタートアップが買収されたときだ。これは両刃の剣だ。なぜならほとんどの場合、会社が売りに出るのは自分では資金を集められなかったことを意味しているからだ。ユーチューブのグーグルへの売却がひどく早すぎた話は以前書いた。この買収によってセコイア・キャピタルは5億ドル以上を手にしたが、投資家たちにとってはほろ苦い出来事だった。

ユーチューブがもっと粘っていれば、企業価値が750億ドルを超えていたことは間違いない。個人的には、当時の市場でユーチューブが持っていたプレミアム感を踏まえると、数字は1500億ドルになっていたと信じている。

セコイアはユーチューブで5億ドルではなく、500億ドル儲けていたはずだ。

M&A（合併・買収）にはアクイハイヤー、適正な買収、プレミアムセールスという3つの形態がある。アクイハイヤーという用語はアクイジション（買収）とハイヤー（雇用）を組み合わせた造語で、人材をまとめて雇うことを主目的に大きい会社が小さい会社を買収することをいう。スタートアップがアクイハイヤーされると、株主は投資した額のごくわずかしかリターンを得られないのが普通だ。一方でみすぼらしいスーツを着た二、三流銀行家は、会社を50万〜200万ドルで売るためのコンサルタント料5万ドルと最低手数料10万ドルを受け取る。

これは醜悪で最低の取引であり、おそらく買収会社以外に誰も得をしない。買収会社はヘッドハンターに払うよりはるかに安いコストで才能ある新入社員を雇うことができるし、社員同士が慣れるためにかかる余分な時間も必要ない。しかも、彼らが取り組んでいる製品が将来重要な意味を持つようになる可能性は常にある。

小鳥たちと巨大なハゲタカ

最近投げ売りされた有望なスタートアップを仮にスパローと呼んでおこう。そこの雇われCEOは会社を台無しにして、彼が来たときには100万ドルだった売上を翌年には75万ドルまで落とした。そして、自分が台無しにした会社を売るために投資銀行家を雇った。

40万ドル前後の最終買収価格が提示されて署名を求められたとき、私はその金額の40パーセント近くが、投資銀行の報酬とCEOの退職手当に回されることを知った。しかもそのCEOは投資家の同意を得ずに、契約前に何人かの社員を買収会社に送り込んでいた。これは法的手段に訴えるべき事案だと感じたが、自分が投資したスタートアップを訴えることは、大体において時間の無駄になることは第9章で説明したとおりだ。

年間売上が75万ドルで、それよりはるかに低い金額で買収される会社の投資家への見返りが、1ドルにつき8セントというのはなんとも奇妙な話だ。

もちろん、この状況で読者にできることはほとんどない。戦っている上空には獲物を漁るハゲタカの群れがいるのが普通だからだ。私は買収会社のアドバイザー株を10万ドル分確保するまで署名を保留した。ちなみにこの会社は、私や私のLP（有限責任組合員）、さらには私のシンジケートメンバーたちとも非常に密接な関係にあった。

破綻したCEOは、私が故意に買収を遅らせていると言い張った。私は、会社を台無しにしたのだから高額の退職手当をもらって辞めるのはみっともない、と彼に言い続けた。雇われCEOはほぼ間違いなくいい結果を生まない。中でもミッション遂行中にビジネスの成功より自分の退職手当を心配するような人間は――この例のように――いちばんたちの悪いタイプだ。

彼は、私が買収会社のCEOと話をすれば契約は御破算になると言ったが、私は構わず強行した。実はそのCEOは、私のポッドキャストと雑誌『シリコンアレー・レポーター』の90年代からのファンだったのだ。彼は喜んで私をアドバイザーとして会社に迎えた。

というわけで、私が無理やり条件をのまされそうになっていた1ドルにつき8セントの契約は、収支トントンになるか、投資が2倍になって返ってくる可能性がまだある。それは私にとってすばらしいことだ。どんなリターンにも価値があるからだ――たとえ1ドルにつき10セントでも20セントでも50セントでも。もしこの案件で投資額の2倍を手にすることができれば、また次のスタートアップ8社に20万ドルずつ配ることができる。私が常に戦い続け、決して諦めない理由だ。

私は最初の4年は負け続けのポーカープレーヤーだったが、それは一定の金額を負けるとやめてしまったからだった。今の私はプラスのキャッシュを生み出すポーカープレーヤーだ。テーブルを離れるのは大勝ちした後だけで、それまで何度でもポーカーチップを買い続けるからだ。

賢く物事をなし遂げる

前触れもなく起きたM&Aに引きずり込まれるケースもある。ニューヨークのすばらしい創業者で友人のジョー・スポルスキーは、私のポッドキャストにゲスト出演したあと、トレロという彼のタスク管理ソフトウェアに投資しないかと私を誘った。私が10万ドルを投資したところ2年後にメールが来て、ある上場企業がトレロを買収したため私が8倍以上のリターンをもらえることを知らされた。

うまいぞ、ジェイソン！

こういう場合、山ほど書類が送られてきて、ほかの過半数の株主とともに「無理やり」署名させられる。選択の余地はない。過半数が売却を決めたら会社は売られると契約に書かれているからだ。エンジェル投資家は、ほとんど支配力を持たないことも時々あるが、バットは何度でも振ることができる。

書類に署名してリターンを手に入れたら、バッターボックスに戻って再びバットを振り始める。

シングルヒットと二塁打はホームランではないが、数多くの勝利を生む。100倍のリターンを得たことはなくても、投資を5倍や10倍にしては蓄積させていくのが得意なエンジェル投資家もいる。

誰もがあなたを欲しがっている

「偉大な企業は買われる、売られるのではない」。これはここシリコンバレーの時代を超えた格言だ。創業者にとって考えうる最高の状況とは、成長中で膨大な現金を持つ自分の会社を、大企業が大きな関心をもって買収しようとしているときだ。

唯一これより良いことがあるとすれば、複数の買収会社が、自分より先にライバルにさらわれたらどうしよう、という絶対的恐怖と妄想を抱いている状態だ。

そのとおりのことが起きたのが、インスタグラムとワッツアップで、どちらもマーク・ザッカーバーグに買収された。私が言いたいのは、これらの会社は、理由があってザッカーバーグに買われたということだ。彼は個人的にこれらの契約を交わし、フェイスブックの取締役会の許可を得る必要はなかったと言われている。フェイスブックの独特な組織構造に加え、ザッカーバーグの説得力、さらにはグーグルの広告市場シェアに対する積極的な策略が、彼を業界で（グーグル以来）最高の買収者にした。

インスタグラムはツイッターと長年にわたる関係を持っていたので、CEOのケビン・シストロムが、当時急成長していたこのソーシャルネットワークに売却するのは間違いないと思われていた。インスタグラムは絶好調で、2012年に10億ドルでフェイスブックに買収される1週間たらず前にも5000万ドルを調達している。

インスタグラムの投資家は短期間に高額のリターンを得たが、ユーチューブの投資家と同じく、もっと良い方法があったのではないか、と悩み続けることになった。もし今インスタグラムが独立企業で、月間アクティブユーザー数がツイッターと同等だったら、企業価値は優に100億ドルを超えるだろう。

インスタグラムはあまりにも早く売りすぎた。もちろんこれは贅沢な悩みだ。果たしてインスタグラムの株主が、倍々に値上がりするフェイスブック株を持ち続けたのか売ったのかはわからない。果たしてインスタグラムが、ユーザーの収益化や基盤の拡大あるいは製品の改訂を、フェイスブック傘下にいるときと同じようにできたのかどうかもわからない。

いずれにせよ、インスタグラムはフェイスブックが上りつめるために不可欠な要素だった。グーグルとツイッターの人たちはこの買収を喜んでいない。

グーグルは過去10年のほとんどの間、Ｍ＆Ａの王者だった。検索エンジンとＧメール以外、成功のほとんどは小切手を書いて手に入れたものだ。モバイル・オペレーティングシステムのアンドロイドを２００５年に買い、２００６年にユーチューブを、２００７年にダブルクリックを、そしてコンテキスト対応広告プラットフォームのアプライド・セマンティクスを２００３年に買収した。

もっとも、会社が巨大になり、いちばん近いライバルより10倍も先を行くようになると、ついつい手を抜いてしまう。かつてのグーグルとフェイスブックの関係がそうだった。

グーグルが自動運転車や高速インターネット・バルーンの開発に忙しくしている間に、ザッカーバーグはインスタグラムやワッツアップに魅せられた何億人ものユニークユーザーを取り込み、今や月間アクティブユーザーは世界で20億人近い。

ワッツアップの買収は１９０億ドルという華々しいものだった。私はワッツアップを支援するファンドに自分でも知らないうちに出資していたおかげで、巨額の小切手をもらった。当時自らの時価総額の10パーセント以上でワッツアップを買ったフェイスブックは、

正気を失ったのではないかと思われたが、もしもグーグルが買っていたら？　それとも
アップルが買っていたら？　それともマイクロソフトが買っていたら？　どうだったろう。

ワッツアップはユーザーの電話帳をベースにしたソーシャルネットワークだった。電話番号はフェイスブックを脅かす可能性のある唯一の要素だったので、彼らはワッツアップを買わなくてはならなかった。資産の10パーセントを危険にさらすほうが、50パーセントを失うよりもいいと考えたのだ。

もしも相場師がスタートアップを買いたがっていたら、それはその創業者の起業家人生で2番目に明るい話題だ。唯一これよりも明るい話題は、スタートアップのプロダクトにお金を払い、それがどんなにすばらしいかを友達に言いふらしてくれるお客さんがいることだ。

もし創業者が自分のスタートアップの買収を25社に持ちかけて、ただの1社からも条件規定書をもらえなければ、正直に言って、創業者自身にも、その会社にも――少なくとも今は――見込みがないということだ。

さあ仕事に戻るんだ。会社が危ない！

第30章 エグジット——すごい会社は売るのではなく買われる

第31章

自分の打ちやすい球を見つけよう

投資戦略を確認する

「成功したスタートアップには100人のエンジェル投資家がいるが、失敗したスタートアップは孤児だ」。これはもともと成功と失敗についての警句だったと思うが、そういうものだ。

スタートアップが「なぜ成功したのか」については無数の理論がある。「すべてはタイミングの問題」から「創業者が優秀だった」「市場の動向がスタートアップをつくる」までさまざまだ。

われわれ普通の人間は、たとえランダムな現象であってもなんとかして統一的に説明できる理論をつくり上げようとする。「それはたまたまそうなっている」という事実に向き合うのが怖いからだ。そこでシバンムシがコツコツとわれわれの寿命を数える間にも、われわれが乗っているのが何かの拍子でできた石ころで、同じような星が何兆個もある太陽のまわりを回っているということを忘れようとする。

われわれはさまざまな認識のフレームワークをつくる。意識（われわれは誰かのシミュレーションの中に生きている）、ヒット映画をつくるコツ（葛藤、キャラ、演技、脚本）、子育て（子どもにそうなってもらいたい人格を自分が生きよ）、人生の意味（「なにもかも意味ないの」と言ったのは『哀愁のマフィア』のドンの母、リビア・ソプラノ）などなど。

スタンフォードの大学院生の2人の若者が考えついた検索のアイデアが、オフィス代わりに借りていたガレージから出発して世界を一変させることになったのはなぜか、それとよく似たガレージから出発したスタートアップなのに創業者のリンクトインのプロフィールに書かれただけで世界に何の影響も与えることはできなかったのはなぜか、といったことを説明しようとして、われわれはたいへんな努力をする。

こうした理論の大半は人間が知らず知らずのうちに持つ認識の偏りの産物だ。たとえば心理学者が「確証バイアス」と呼ぶのは、自分の持つ仮説や信念を支持する情報だけ集め、反証する情報を無視する傾向だ。確かに強い信念を持つために効率的ではある。「否定的バイアス」というのは逆に、過去に起きた悪いことばかりを記憶し、それによって将来に向けた決断が影響される状態だ。

過去にウェブ上の写真共有サービスに投資して金を失ったとしよう。そういう人物は反射的にインスタグラムを嫌い、10億ドル企業への投資のチャンスをふいにするかもしれない。これが「否定的バイアス」の一例だ。こういうバイアスは根深いもので、けっして「それはそれとして、これは別ではないか?」といった反省は浮かばない(第18章参照)。モバイルデバイスのカメラが急激に改良され、誰もが大量の高画質の写真を撮るようになり、また写真を加工するソフトウェア・フィルターも大きく進歩したことにより人類のほとんどが以前のプロ写真家レベルの撮影能力を備えるようになったという事実は無視されてしまう。

インスタグラムがブレークしたのはカメラ、レンズ、SDカードなどに5000ドルも投資したり、フォトショップ(これも高価なソフトだ)の前で何時間も過ごしたりしないでも、スマートフォンで撮った写真をセピア色にしたり、背景をきれいにボケさせたりすることが誰にでも簡単にできるようになったからだ。

実は奇跡的な達成だったのだが、今や当たり前のことだと思われている。

こういった事情を落ち着いて考えてみよう。ほとんどあらゆる投資の決定は本人も気づかないまま持っている何らかのバイアスに影響されている。

くまなく見えているつもりでも視野には盲点がある。だからわれわれはエンジェル投資家として成功しようとするなら、これまでに学んだことをいったん忘れる必要がある。

私は創業者に投資するエンジェル投資家だ

いつも創業者たちに言っているのだが、私が投資を決めるには、プロダクトが成功するかどうか見極める必要はない。この創業者が成功しそうかどうかさえわかればよい。私がエンジェル投資の分野でいくらかでも才能があるとしたら、人間を見てどの程度の成功を収めそうか見極めることが得意だという点だろう。

これは優秀なプレイヤーとポーカーのテーブルを囲み、相手を読む努力を長年続けてきたおかげかもしれない。そうはいってもちょくちょく失敗してきたのだが。

ポーカーで習得したテクニックの一部はスタートアップ投資でも活用できる。特に「相手の手の範囲を読む」という技術は重要だ。ポーカーの場合、同じプレイヤーと2時間もゲームを続けていれば相手の手役の範囲が読めるようにならなければいけない。ゲームの進行（チップを賭ける、パスする、賭けを上乗せする、すべてのチップを押し出してオール・インを宣言するなど）にともなう動作はもちろんだが、ゲームの進行に関係ない動作も観察しなければいけない。チップをもてあそぶ、テーブルの上に屈み込む、椅子に反り返る、いつもより多弁（無口）になる、飲み物に口をつける、などだ。

これは半分アート、半分科学だ。優秀なプレイヤーは自分の手が強いとき、弱いときに示すとされる人間のクセをよく知っていて、その裏をかいてくるからだ。たとえば多弁になったり、チップの上に身を乗り出したりするのは手が弱いことを示し、逆に椅子に反り返る、無口になるなどは手が強いことを示す動作だと考えられている。しかし一流のプレイヤーは手が弱いときに強いときの動作を、強いときに弱いときの動作を混ぜてくる。テンガロンハットをかぶったテキサス男が巨大な葉巻を噛みながら「勝負に出てみろ、オレは手元の2枚のカードをひっくり返してお前らをめちゃめちゃにやっつけてやる」という様子で椅子の背にふんぞり返ってあたりをにらんだところを想像してもらいたい。ビビるだろう。

スタートアップの世界ではさすがにこんな見えすいたハッタリをかませることは少ない。しかし「相手の裏をかく」方法は無数にあるのだ。

たとえば、バイオ・スタートアップ、セラノスの創業者、エリザベス・ホームズはスティーブ・ジョブズ式にいつも黒のタートルネックを着て現れた。彼女はビル・ゲイツ、マーク・ザッカーバーグと同様、一流大学のドロップアウトだった。現在、血液検査を受けるときには小さなチューブに何本もの血を注射器で腕から抜かれるのに耐えねばならない。ホームズは針の先端で突いた血液1滴だけで多種類の検査ができるテクノロジーを開発したと主張した。

しかし、賢明な投資家は投資を見送った。ホームズがその画期的テクノロジーの内容を明かそうとしなかったからだ。証拠のない主張を信用することはしなかった。ホームズはテクノロジーの内容について尋ねられると「トレードシークレット」だと主張した。これも（本人が意識していたかどうかは別として）スティーブ・ジョブズのコピーだったのだろう。ジョブズが徹底した秘密主義で、社内ラボであろうとアウトソーシングであろうと、きわめて厳格な秘密保持契約（ＮＤＡ）で関係者を縛り上げたことは有名だ。マックだろうとマウスだろうと次世代製品にこの秘密のオーラがある種の権威を与えた。

ともあれ多くの投資家がホームズの主張を信用し、その挙句、現在シリコンバレーでこれまであまり聞かなかった行動に出ている。自分たちが投資した会社を訴えているのだ。投資したスタートアップを訴えることがめったにない理由は、勝てる可能性が極端に低いからだ。

スタートアップへの投資は非常にハイリスクだ。誰であれ職業としてスタートアップに投資する人間は、長い失敗のリストを抱えている。署名する契約書、創業者との面接、カンファレンスでの講演、業界統計、すべてが「ベンチャー投資の大部分は失敗する。投資が利益を生むとしたら、ほんの1社か2社の成功による」ということをはっきり示している。

秘密のテクノロジーを開発したと主張するが、会社を運営した経験ゼロの大学ドロップアウトに投資するのがどれだけハイリスクか、プロの投資家ともあろうものが理解していなかったと判事や陪審員に納得させるのは至難の技だ。しかもその秘密というのが、ほかの大手検査企業が長年かかって開発できていない「指先から絞り出した一滴の血液で多数の病気の検査ができる」という魔法のようなテクノロジーだというのだ。

陪審員が天気のいい浜辺でテキーラでもしこたま飲んでご機嫌になっており、断然味方してくれるというのでない限り、こんな裁判で投資家が勝つ見込みはほとんどない。だから投資家がスタートアップを訴えるのはスタートアップ側に騙す故意があったことが明白な場合だけだ。

正気の投資家がスタートアップを訴えるなら、詐欺にあったことを立証できる確信がある場合だろう。これが投資の際のデューデリジェンス（第24章参照）が重要になってくる理由だ。特にスタートアップがすでに成長し、プロダクトに関する各種のデータが検証可能になった段階で投資する際には慎重なデューデリジェンスが必須だ。セラノスの場合は、ホームズはおそらくスティーブ・ジョブズの真似をして秘密のオーラを漂わせることで投資家の目をテクノロジーの内容から逸らせたのだろう。

一部の投資家はこのホームズの作戦に引っかかって内容をチェックせずに大金を投じてしまった。

現在、エリザベス・ホームズは政府当局、投資家、元社員を含めあらゆる方面から攻撃を受けている。それではホームズのような相手に金をつぎ込むのを避けるためにはどうしたらよいだろう？

実は簡単だ。投資の前に、血液検査の専門家に依頼してセラノスとＮＤＡ（秘密保持契約）を結ばせ、その専門家と共にテクノロジーを詳しく調査させてくれと主張すればよい。これは投資家として完全に正当な要求だ。

セラノスの返事が「ノー」なら、それは投資を見送るはっきりした理由だ。なんの実績もない創業者が私を信用しないにもかかわらず、私の金だけは欲しがっている場合、そういう会社に投資すべき理由はまったくない。映画でたとえれば、過去に一度も映画を撮ったことのない人間が映画を監督しようとしてプロデューサーに「あんたに脚本は見せないが金は出してくれ」と言うようなものだ。

冗談じゃない！

セラノスが実際に血液検査ビジネスを始めた後ならチェックはいっそう簡単だ。セラノスのサービスを扱っている薬局に行ってセラノスの血液検査を受け、同時にもっと普通のやり方の血液検査を受けて双方の結果を比較してみればよい。

実はこれが、アップルの元幹部でスティーブ・ジョブズとも縁があったジャン＝ルイ・ガセーがやったことだった。

ガセーのベンチャーキャピタルはセラノスから出資を求められた。しかしガセーはセラノスの血液検査の結果には信頼性がないと判断した。ホームズは以後まったく返事をよこさなかったという。

ここでポーカーの例に戻ってみよう。ポーカーの例だったら私は何時間でも語れるが、ポーカーをしない読者でも理解できる簡単なサンプルを挙げてみよう。

ポーカーを3時間ばかり続けているのにずっと降り続けていたプレイヤーがいたとしよう。ポーカーではこういうプレイを「タイトだ」という。こういうプレイヤーは非常に強い手が配られるまでじっと待っている。ところがその相手がチップに手を伸ばして賭けてきた。さらにレイズしてくる。こちらもリレイズするが相手は即座にコールしてきたとしよう。相手のホールカードは5と8みたいな安い手だろうか？　ノーだ。相手は高い手、おそらくエース2枚とかキング2枚、悪くても10を2枚持っているに違いない。[*1] 5と8のような安い手で勝負に出るために、3時間も動かずに我慢していたというのはありそうにない。

場に配られたカードがエース、6、7だったとしよう。ここで相手がチップを積んできたら、どんな役を狙っていると考えるべきだろうか？　3時間もじっと動かなかったプレイヤーだったら5、6、7、8でストレートを狙っているというのはありそうにない。さらに場に4か9が配られなければストレートにならない。

ポーカー・プレイヤーの80パーセントは手の内が読みやすい。プレイヤー仲間ではこういうのをABCポーカーと呼んでいる。教科書どおりに動いてくる相手だ。しかし残りの20パーセントは何を企んでいるか読むのが難しい。

エリザベス・ホームズはこの難しい20パーセントを代表するスタートアップ創業者だ。こういう人物は往々にして精神の正常性を疑わせるような行動に出る。投資家に対して自分とかけ離れた人物を演技するのはもちろん、真っ赤なウソをつくことさえある。勝つためならどんなことでもやる。

この本が店頭に並ぶ頃、セラノスはどうなっているだろうか？　たとえばトイレを流すときに観察すると、水が渦を巻いて下水に吸い込まれていくが……まあ比喩はこれぐらいしておこう。エリザベス・ホームズはまたしても開発には10年もかかったと称する魔法のテクノロジーを袖から取り出し、その内容を尋ねられると例のフィリバスター（議事進行妨害演説）を息が続く限り並べたてているかもしれない。それともテクノロジー版のバーニー・マドフとして刑務所に収監されているかもしれない。[*2]

セラノスに関する実態は、まだ不明な部分が多い。私が述べたのも蓋然性の高いシナリオのひとつにすぎない。

一時、セラノスはハリウッドのスター、ジェニファー・ローレンスがホームズを演じ、『マネー・ショート』の監督、アダム・マッケイが監督して映画化されることが決まったほどだった。本当に映画化されていたら私もちょい役で出てホームズにテクノロジーの内容を質問し、相手が答えないので大笑いして投資をパスするエンジェル投資家を演じてもよかった。

そういうことが私に起きていた可能性はあったのだ。

訳注＊1　テキサスホールデムではプレイヤーに2枚のカードが配られ、続いて場に表向きに3枚、さらに2枚が配られ、合計5枚がプレイヤー全員が利用できる「コミュニティカード」となる。プレイヤーは手持ちの2枚と場の5枚のカードから任意の5枚を選んで役をつくる。最強の役を作ったプレイヤーが賭けたチップをすべて得る。

訳注＊2　バーナード・マドフはポンジ・スキームという自転車操業的出資金詐欺で2兆円以上を騙し取ったことで有罪となり服役中。

「創業者こそ鍵だ」というスタートアップ理論のもうひとつの面は、驚異的な集中力でとてつもない実績を残す創業者の存在だ。そういう例といえば、まずマーク・ザッカーバーグが思い浮かぶ。ザッカーバーグはビジョナリーというより成功に向かって信じられないほどの執念を示すタイプの創業者だ。いわば『ターミネーター』のオリジナルに出てくるアーノルド・シュワルツェネッガー演じる殺人ロボットだ。

ソーシャルネットワークをつくったのはフレンドスターやマイスペースのほうが先だったが、ザッカーバーグのプロダクトづくりの能力はずば抜けていた。初期の頃を考えてもフェイスブックは個々の能力でライバルを20パーセントから50パーセントも上回っていた。フェイスブックのサイトはライバルに比べて反応がはるかに速く、デザインがすっきりしていて一見して理解しやすかったが、個別能力がどうだったかも考えてみよう。

まず、ユーザー登録手続きがほかのソーシャルメディアより50パーセント以上優れていた。特にほかのユーザーのプロフィールを表示するには自分もユーザー登録するしかない仕組みにしたのは巧妙だった。続いてザッカーバーグが導入したニュースフィードはフェイスブックの価値を100パーセント高めた。

当時のツイッターのトップには過去15分間以内に投稿されたというだけで、いっこうに興味を引かない内容のツイートが延々と並んだ。ところがフェイスブックでは友達からの「赤ちゃんが生まれました！」から「残念ながら……」という逝去の知らせ、かわいいパンダが滑り台を転げ落ちるビデオなどが表示された。つまり友達の身の上の重要な変化や話題のビデオなどがコメント付きで優先的に表示されるアルゴリズムが導入されていた（実例はいくらでもある。時間があれば検索してみるといい）。

なるほどエリザベス・ホームズもマーク・ザッカーバーグも大学のドロップアウトだ。ザッカーバーグもホームズも制服のようにいつも同じ身なりだった（ザッカーバーグはグレーのTシャツ、ホームズはジョブズ式の黒のタートルネック）。

2人とも世界を変える会社をつくっていると主張した。

しかし重要な違いがあった。ザッカーバーグは着実に実績をあげ、投資家とメディアに対して自分が今何をしているのか、なぜそうしているのかを説明した。フェイスブックでプロダクトの着実な改良のサイクルとそれによる成長が数年も続くと、ザッカーバーグのレベルでこういうことができる人間は世界を探してもほとんどいないということが明白になった。

創造性の点では、ザッカーバーグは創業者の中でずば抜けて優れていたわけではなかったかもしれない。しかし彼の集中力と一貫性には恐るべきものがあった。そこが私がザッカーバーグをアーノルド・シュワルツェネッガーのターミネーターにたとえる理由だ。誰も彼を止めることはできない！

重要な問題の解決策とみて投資する場合もある

「そのスタートアップはどんな問題を解決するのか？」というのは昔からまずベンチャーキャピタリストが尋ねるべき定番の質問とされている。

この質問はよく「きみたちのスタートアップはビタミンかね？　鎮痛剤かね」という形で表現される。「どんな痛みに効くのだ？」という質問になることもある。

日常生活で誰もが感じる痛み——不便さ、障害——を取り除くことによって、多くの巨大な企業が誕生している。ときおり、非常に厄介な大きな問題の解決策が登場することもある。

1980年代の後半、私がマンハッタンで働き始めた頃、どこの法律事務所にも大きな郵便仕分け室があった。大勢の郵便配達員やメッセンジャーが出入りし、ぎっしり文書を詰めたバッグを背負ってマンハッタン中を走り回っていた。

オフィスにローカルエリアネットワーク（LAN）を構築するのを仕事にしていた私などには法律事務所の郵便仕分け室は興味深い場所だった——こうした施設もそこでの職もじきに消え去る運命だと知っていたからだ。

私の仕事はLANで文書管理システムを構築することだった。

ある法律事務所を訪れてその業務、つまり法律文書の作成を引き受けてから文書が署名されるまでの流れを観察すると、こんな具合だった。所属の弁護士のひとりが草稿を紙にタイプする。あるいは口述して秘書に録音テープの処理を命ずる。秘書はこれをタイプ室に持っていく。タイプ室では（読者の予想どおり）大勢のタイピストが待ち構えており、受け取ったテープをタイプする。

タイプされた文書は校正を受けた後でコピー室に送られる。ここには部屋いっぱいにコピー機が並んでいる。コピーの作成がすむと文書を入れた封筒はダクトテープで厳重にくるまれメッセンジャーに渡される。アルバイト学生はマリファナでハイになった勢いで10段変速の自転車でマンハッタンの通りを走り抜け、相手の会社に届ける。

相手が署名し、役割を完了した文書（すべての中途改訂版を含む）はクイーンズの倉庫に送られ、地下の書類保管所に安全に保存される。と、そんな具合だった。

われわれがインストールを請け負っていたメールと文書の管理システムは、こうした煩雑極まりないプロセスを一気に改革した。それまで法律事務所は通信と文書管理のために弁護士ひとりあたり毎年何千ドルもの支出を余儀なくされていた。

法律事務所は、私が働いていた会社がLANを設置するのに喜んで大金を支払った。

おかげで私の会社は社員を集めてパーティを開き、気前よくボーナスを支払った。毎晩のようにリンカーン・タウンカーのハイヤーで家に帰った。ボスとわれわれはクライアントをスコアーズというストリップ・クラブで接待した。ストリッパーのチップにするために両替した1ドル札は何千ドル分にもなったはずだ。

われわれはＬＡＮ構築でオフィス業務の非常に大きな問題――痛み――を解消し、十分に利益を上げることができた。タイプ室は必要なくなった。弁護士が自分でワープロソフトを操作するようになると口述筆記の必要もなくなり、秘書の数も半減した。われわれは頻繁に使われる文書については相手方の氏名や日付など空欄を埋めるだけでいいようにテンプレートを提供した。これで弁護士の能力はスーパーマンなみに強化された。

コンピューターネットワーク上で文書が作成できるようになったことの重要性はいくら強調しても足りないくらいだ。ある法律事務所のパートナー（経営陣）のトップの弁護士がわれわれのミーティングに来て文書管理ソフトとネットワークがどれほど多くの問題を解決したか説明してくれたときのことをよく覚えている。2人の弁護士が同じ文書を編集していたらどうなる？　ロサンゼルスのオフィスにいるパートナーが同じ文書を編集していたら私は自分の文書を保存したフロッピーをフェデックスで送らねばならない。そして相手が……という具合だ。

弁護士たちはこうした問題に毎日苦しめられていた。しかし文書管理ソフトウェアとコンピューターネットワークがこの痛みをきれいさっぱり解消した。ＩＴ化はあまりに効果があったので、法律事務所ではスタッフの1割ものＩＴ専門家を雇うようになった。

投資を求めているスタートアップのプロダクトが写真共有で、既存のライバルもすでに多数ある場合、このプロダクトはなにか重要な問題を解決するだろうかと自問してみるのは役に立つ。

私はこの問題をインディ・ジョーンズ型とルイス・C・K型に分けて考えている。

インディ・ジョーンズの最高傑作は第2作、『魔宮の伝説』だと思うが、そのオープニングでインディは清朝創始者の遺灰を収めた壺を上海マフィアのボスに売ろうとしている。中華料理用のテーブルの真ん中の回転台を回して壺と巨大なダイヤモンドとを交換する。取引の成功を祝ってジョーンズがシャンペンを飲むと、マフィアのボスは「お前は今毒を飲んだ。解毒剤はこれだ」といって小瓶を見せる。ボスは解毒剤が欲しければ回転台を逆に回してダイヤモンドと交換するしかないと迫る。

ロジックがいろいろと破綻しているところには目をつぶって、「今毒を飲んでしまった。しかし解毒剤を持っている人間がいる」という状況について考えてみよう。

有効な解毒剤を持っているというのはこの上なく強い立場だ。ガラガラヘビは毒を持っている。誰でも命は惜しい。製薬会社はその毒に対抗する血清に好きな値段を付けられる。たいていのスタートアップは命を救うテクノロジーなど持っていない（持っているスタートアップを知っていたら、この本など放り出してjason@calacanis.comにメールされたし）。

もちろん一部のスタートアップは長期的に死亡率を下げるテクノロジーを開発しているが、『魔宮の伝説』でインディ・ジョーンズを脅かした例ほどの緊急性はない。ウーバーやテスラは自動運転車のテクノロジーを開発しており、これは無数の交通事故を防止するはずだ。自動運転車が普及すれば、向こう30年の間にアメリカの交通事故死の数を年間3万人以上から30人程度に引き下げることができると私は確信している。

短期的であれ長期的視野に立っての話であれ、人命が救えるというのは貴重な努力だ。しかしもっと地味だが実用的な面で努力をしているスタートアップも多い。たとえば、編集中の文書の各バージョンがわかるようにする、何千キロも離れたところにいる相手と共同で文書を編集できるようにする、などだ。

マイクロソフトは長年にわたって2本の「金のなる木」を育ててきた。マイクロソフト・ウィンドウズとマイクロソフト・オフィスだ。オフィスというのはワープロのワード、表計算のエクセルなどを含む一連の生産性ツールで、地味だがなくてはならぬ機能を提供して何十億ドルもの利益をマイクロソフトにもたらしてきた。

しかしマイクロソフト・オフィスの普及はまた新たな問題——つまり痛みを生んだ。特に大きかったのは、重要なファイルをユーザーがローカルに保存しなければならないことだった。ローカルのハードディスクというのは脆弱なデバイスで頻繁に壊れる。またデータはウィルスに破壊されるかもしれない。こうした事故で多くの重要な文書やビジネスデータが失われてきた。この新たな「痛点」を解消するために、まったく新しいスタートアップのカテゴリーが生まれた。外付けハードディスク、アンチウィルス・ソフト、バックアップ・ソフトなどの提供だ。

さらにその後、インターネット接続が高速かつ安価になり、サーバー側のストレージのコストも大幅に低下するとドロップボックスのようなサービスが登場し、インターネットを経由してデータをサーバー側に保管するクラウド時代の幕が開いた。

わずか10年でドロップボックスやそのライバルのボックスのようなスタートアップ、さらにアマゾンのＡＷＳサービスは会社評価額にして何百億ドルもの価値となった。こうしたサービスはユーザーの非常に重要な痛点、つまり文書やデータを失うという問題を解消した。

しかしクラウドが主流になると、やはり新たな問題が生じ、これを解決するためにさらに新しいジャンルのスタートアップが生まれた。現在のクラウドに特有の問題として最大のものは2つある。ひとつはクラウドに保管されたデータのセキュリティの確保だ。クラウド・サービスを利用しながらアクセスにあたって2段階認証を利用していないユーザーは企業秘密の盗難や、ランサムウェアにデータを暗号化され身代金を要求されるなどの被害にあっている。

2つめの問題はクラウドにますます大量のデータが保管されるようになるにつれて、必要なデータの検索、発見の困難さが増してきたという点だ。

これらは重大な問題だが、昔われわれが体験していた問題と比べれば深刻さの度合いはずっと軽減されている。ではそれだけ企業のデータ管理は楽になっただろうか？　たぶんノーだ。ドキュメント管理に関してはここ半世紀以上、さまざまなテクノロジー企業が取り組んできた。したがって多くの問題はクラウド化以前に取り除かれるか軽減された。

そこで思い出すのがコメディアンで脚本家、プロデューサーのルイス・C・Kだ。ルイスはコナン・オブライエンのトークショーに出演したとき、「最近なにもかも驚くほど便利になったのに誰もハッピーになってない」という警句を残した。ルイスは昔、人々は現金を手に入れるためにまず銀行に行って列に並ばねばならなかったと言った。次に初期のクレジットカードでの支払いがどんなものだったか描写した。

1990年代以降に生まれた世代には記憶がないだろうから説明しておこう。レストランでクレジットカードを使おうとすれば、まずカードをウェイターに渡す必要があった。ウェイターは複写式の横長の用紙を取り出し、ボールペンで必要事項を記入する。用紙とカードを機械に載せ、取っ手をガチャンとスライドさせるとカードの情報が用紙に写し取られる。これだけでも相当な手間だったが、額が大きい場合にはウェイターはクレジットカード会社に電話してオペレーターと話し、利用の承認を得る必要があった。

こうなると全部で10分以上かかった。なぜこういうことを詳しく知っているかというと、80年代に私は父が経営するバーを手伝っていて、自分がそのウェイターだったからだ。

この後、複写用紙をばらして1部をクレジットカード会社に郵送する必要があった。するとクレジットカード会社は相当する金額をバーに払ってくれた。クレジットカードの使用者にも毎月明細書が郵送された。するとクレジットカードの使用者はデスクの引き出しから小切手帳を取り出し、金額を書き込んで封筒に入れ、クレジットカード会社に郵送した。

現在では事情がまったく違う。勘定書を見たレストランの客はスマートフォンをタップする。クレジットカード会社から即座にレシートがメールされる。請求金額は銀行口座から引き落とされる。客がテーブルを離れる前に引き落とされていることも珍しくない。

あと10年もすると虹彩スキャナーを覗くだけで支払いがすむようになるだろう。そうなればキャッシュどころかクレジットカードさえ持ち歩く必要がない。アマゾンは「キャッシャーレス」の店をつくってこうした実験をしている。

コメディアンのルイス・C・Kは昨今の飛行機の客がいかに甘やかされているかという話をするのが得意だった。並んで座席に座った客がフライト中にネット接続がダウンしたときにいかに絶望したかという話を覚えている。

飛行中にインターネットが使えなくなるというようなささいな問題で人々が打ちのめされるというのは興味深い問題だ。もちろん乗客はフライト中のWi−Fi接続の利便性も含めて料金を払っているのだとも言えるだろう。航空会社はネット接続を可能にするために数千万ドルを投資したのかもしれない。しかし本当のところ、ネットに接続できないので絶望するなどということがあるわけがない。

消費者はフライト中にネットにアクセスできるなら少々の負担はかまわないと言った。投資家やネット・スタートアップの創業者も大喜びしてフライト中のネット接続を1時間あたり5ドルの料金で提供してみると誰も利用しようとしなかった。

本当のことを言えば、数時間インターネットに接続できないのはほとんどの人々にとってなんの問題もない。それどころかよい休息でさえある。それに最近ではゲーム、映画、本、ポッドキャスト、音楽、音楽のプレイリストといったものがいくらでもダウンロードできる。空港の書店でオーディオブックを買ってデバイスにダウンロードしておけば機内で有意義な時間を過ごすことができる。機内インターネットは、投資家、創業者が共に強い希望的観測を抱いていたことを証拠立てた。大人気になるはずだという調査（飛行機のチケットの価格に比べて、無料でビデオが見られて1時間5ドルは安いなど）を信じたのだが、肝心なことを無視していた。乗客は昔から飛行機の中では読書するか、映画を見るか、寝ているかだった。残念ながらどれもインターネット接続を必要としない行為だ。

昔、飛行機のシートのヘッドレスの裏側には電話が付いていたことがあった。しかしえらく高い料金を払わねばならないので利用はまれだった。

縦軸とそれに直交する横軸を引き、縦軸が「痛みの度合い」、横軸が「痛みを感じる回数」を表すとしよう。すると右上の第一象限には「痛みが強く、始終感じる」ものがくる。左下の第三象限は「痛みは弱く、めったに起きない」だ。同様に第二象限は「痛みは強いがめったに起きない」、第四象限には「痛みは弱いが始終起きる」ものが来る。

それでは「機内でインターネットが使えない」はどこに来るだろうか？　左下だ！　それなのに投資家は右上に来るかのように考えていた。

ある種のプロダクトやサービスは顧客を喜ばせるのが目的だ。ディズニーランド、アイスクリーム、映画などは別に特定の痛みを取り除くわけではないが、非常に大きなビジネスになっている。

「私は行列に並ばないとジェットコースターに乗れないので強い苦痛を感じている」という人間は少ない。「冷たいアイスクリームを今すぐ口に入れないと死んでしまう」という状況も考えづらい。

もっとも私は子どもの頃、映画『スター・ウォーズ　帝国の逆襲』が見たくてたまらず、ほとんど肉体的苦痛を感じた。それがあまりに強かったので午後の授業を3限もすっぽかしてブルックリンのフォートウェイ・シアターで列の先頭に並んだ。中学校から電話が行って、父はまっすぐ映画館にやってきた。私はそこにいると知っていたのだ。

父が歩道際に車を止め、手招きしたのを見て私はてっきりひとつ2つひっぱたかれるものと覚悟した。その前に何回か叩かれたことがあったからだ。しかし父はポケットから40ドル出して「これで弟にもチケットを買ってやれ。それから二度と学校をサボるんじゃないぞ」と言った。私は感激した。

父のこととなると私は誇らしさと痛みとが複雑に混じった感慨が沸いてくる。しかしそれを詳しく書くには別に本が一冊必要だ。

面白さに投資するエンジェルもいる

前節で書いたように、ある種のプロダクトやサービスはあまりに楽しいので人々はそれなしでいられなくなり、プレミアムを支払うようになる。そうなると提供側には価格決定権が生じる。

価格決定権というのはとてつもない代物だ。ビジネスの世界でそれはめったに手に入らないが、手に入った場合は法外なリターンを生む。

私は前のほうで、創業者に対して投資家は「きみらのスタートアップはビタミンなのか鎮痛剤なのか?」とよく尋ねると書いた。つまりディズニーのような事業がビタミン系ビジネスだ。鎮痛剤系スタートアップとは正反対の存在だ。

アップルのプロダクトは美しく目に心地良い。テクノロジー的にはライバルに何年も遅れをとっていたとしてもアップルのビジネスは巨大なプレミアムをかき集めることができる。iPhoneより技術的にはるかに優れたアンドロイド携帯が市場に出ても価格は数百ドルも安くしなければならない。同じことがノートパソコンやヘッドフォンについても言える。アップルのプロダクトには非常に大きなプレミアムがつく。

その典型が、たとえばアップルが以前売っていたシネマディスプレイだ。豪華な刷毛目仕上げのアルミのケースに収まっていたが、価格は同程度の機能のデルのモニターの2倍だった。アップルのファンボーイ、ファンガールたちは美しい筐体とロゴのために喜んで1000ドル以上の差額を支払った。まったく信じられないようなうまい話だ。

ある製品の「ビタミン力」を測定する簡単な方法がある。NPS、ネットプロモータースコアと呼ばれるものだ。読者も一度ならずこの指数を測定するアンケートに答えたことがあるはずだ。NPSは「ユーザーがそのデバイスあるいはサービスを他の人にも勧めようとするかどうか」を測る。スマートな創業者はNPS測定の結果を吟味してサービスを改良し、成長を最大化することができる。

市場の動きに賭ける場合もある

投資家には市場の動きこそがスタートアップの成否を決めると考える者もいる。保険、食品、運輸交通といった市場は巨大だ。そこで「テクノロジーはあらゆる産業を改革する。それならこうしたジャンルの産業を改革するテクノロジーを提供するスタートアップを見つければよい」と考える投資家も出る。

食品ビジネスでもイノベーションが起きてもいいはずだと考えるなら、大勢の消費者がタンパク質、特に赤身の肉を求めるようになったトレンドに注目すべきだろう。合成肉のパテを使ったハンバーガー、合成ステーキを3Dプリンターで出力するような会社を探してもいいかもしれない。コオロギを原料にタンパク質の粉末を製造する会社に投資してみようかと私は考えている（クッキーはなかなかの味だった）。

交通システムの場合、自動車は95パーセントの時間は利用されていないことに起業家は注目するだろう。すると自動車を所有する時代は近く終わり、共有こそが未来だと考えるかもしれない。それならウーバーとジップカーが道路交通ビジネスで大成功を収めるだろう。しかし明らかに両者のアプローチはまったく異なる。ウーバーの場合、ドライバーが利用者を目的地まで乗せていってくれる。ジップカーの場合、利用者は自動車を共有し、自分で目的地まで運転して行き、駐車する。

ジップカーのビジネスモデルは現行の自動車の利用形態、つまり所有に近い。したがってユーザーに受け入れられやすいだろうと考えたくなる。しかし実際はその反対だ。ウーバーの圧倒的成功を見れば、単に所有権を返上したいのではなく、そもそも車を所有することを望まない人間が多いことが見てとれる。

これが「マーケットがスタートアップをつくる」という考え方の限界だと思う。創業者が自ら課題を発見し、解決策を与えるという主体的な行き方のほうが効果的だというのが私の考えだ。

しかしある理論や考え方を選んだら、生涯それに縛られるというものではない。もっと全体的に考え、ここで述べたいくつかの考え方をチェックし、検討しようとしているスタートアップのあり方にもっともよく当てはまるものを選べばよいのだ。
その後は気に入らない理論は無視すればよい。
これはガッツが必要だ。がんばれ！

第32章

エンジェル投資という仕事はどこでどのように終わるのか？

この本を書いたことは私の人生でもっとも実り多く、またいろいろと考えさせられる経験となった。著作権エージェントにして私のグル、ジョン・ブロックマンに「本を書くのはもうひとつ大きく当てるまで待ってくれ」と言ってきたのは正しかった。この本を書きながら、私はエンジェル投資という仕事を今後も続けていくつもりがあるのかどうかじっくり考えることができた。

この後で説明するが、エンジェル投資家について書かれた本が少なく、実際にそういう人間に会うチャンスも少ないのには理由がある。実際、10年前から現在までエンジェル投資を続けてきた人間はごく少ない。私はその全員とファースト・ネームで呼び合う付き合いだ。エスター・ダイソン、マーク・キューバン、スチュワート・オルソップ、ミッチ・ケイポア、ロン・コンウェイといった名前がまず思い浮かぶ。

本書でも詳しく説明したが、エンジェル投資はユニークな仕事だ。エンジェル投資家になる資格があるなら、ベンチャーキャピタリストになる資格は十分以上だ。しかもベンチャーキャピタリストたちはエンジェル投資家より仕事が楽で収入も多いのが普通だ。

エンジェル投資が失敗する——投資したスタートアップが倒産したり運営を止めてしまったりする——率は80パーセントから90パーセントくらいだろう。毎日の生活は金融の専門家というよりホスピスの医師に近いものになってくる。

しかしベンチャーキャピタリストが経験する投資失敗率はエンジェル投資家の半分かそれ以下のはずだ。それにベンチャーキャピタリストは、一件あたりもっと多額の投資をする代わりに投資件数はずっと少ない。新たにコンタクトする相手も少ないし、契約を交渉する件数も少ない。にもかかわらずベンチャーキャピタリストはファンドの管理費を先取りするなどいろいろな条件で恵まれている。

本書中で説明したとおり、ベンチャーキャピタリストは管理費として給与から出張費までさまざまなコストをファンドの出資者に先払いさせることができる。率はファンド総額の2パーセントから3パーセントというのが普通だ。しかも毎年だ。

年来、私は多数のベンチャーキャピタル会社から誘いを受けてきた。ベンチャーキャピタリストになっていればもっと儲かったかもしれない。エンジェル投資会社を経営して諸経費の負担に耐える必要がなかったのは間違いない。仕事の中身というのは年に1件か2

件の新しい投資をまとめ、6社から8社のスタートアップの取締役を務める程度だ。しかも夏休みと冬休みがあって、会社の経費でアスペンやダボスに飛んでカンファレンスに出席できる。しまった、ベンチャーキャピタリストになっておくのだった！

それでもなぜ私はエンジェル投資という道を選んだのか？

正直に言えば、エンジェル投資という仕事が好きだからだ。いやそれ以上だ。魅了されたといっていい。決定的に魅了されてしまった。

しかし別の道を示す誘惑はある。新しい契約のために走り回る時間を減らしてもっと家族と過ごす時間を増やしてはどうか？　バスケットでいえばベンチャーキャピタリストはゴール下で待っていてジェイソン・カラカニスが運んできたボールを受け取り、華麗なダンクシュートを決める役回りだ。そうしてチームの得点王になり巨額の契約金を得る。

このあたりにエンジェル投資家が成功することの危険性がある。エンジェル投資家が大当たりするとたいていはエンジェル投資をやめてしまう。ほとんど全員がそうだ。実際、私の場合でいえば、もういちどウーバーで収めたような大成功を繰り返せるチャンスはゼロに近い（ウーバーのような会社が現れるのは10年に一度くらいだ）。別のポートフォリオ企業、サムタックの場合なら、私はほぼ確実に同程度の投資先を見つけることができるだろう。しかし10億ドル企業を引き当てることはできても500億ドル企業、1000億ドル企業、２５００億ドル企業を引き当てるのはまったく違う経験だ。

しかし現実的なケースに戻ろう。あり得るシナリオはこうだ。もし読者がこの本で示したような方法で30社に投資したとしよう。最初の10社はシンジケートに入って１０００ドルずつ出資する。次の20社に２万５０００ドルずつ、その中で有望さがトップの5社に10万ドルずつ投資したとしよう。

このシナリオでは30社にまず51万ドルを投資することになる。そして勝ち馬にさらに50万ドルを投資する。するとトータルで１００万ドルを投資したことになる。

投資額の元が取れなかった場合

投資先スタートアップの90パーセントが死に、5社だけがまずまずのエグジット（現金化）に成功して投資額が戻ってくるだけのリターンが出たとする。この場合１００万ドルの投資に対して50万ドルのリターンとなり、50万ドルを失ったことになる。それでも、資産家であれば50万ドルの損失はさほどの痛手ではない。５００万ドルから１０００万ドルの資産があるなら50万ドルは5パーセントから10パーセントに過ぎない。金持ちなら資産の5パーセント程度の損失は株式市場に投資することで、数年で埋め合わせられる。

投資戦略を再検討して戦略を変えるべきか、それともこのまま進むべきかを決め、さらに30社に投資する。なるほど最初の数年のエンジェル投資でいくらかの損失を被ったが同時に多くを学んだはずだ。それを基礎に先に進めばよい。

エンジェル投資には疲れてしまったが、スタートアップへの投資は続けていたいというならエンジェル投資家としての実績と創業者や関係者との間で築いた人脈を生かしてベンチャーキャピタルに参加するというのはいい考えだ。ベンチャーキャピタルは年収50万ドル程度を約束してくれるだろう。50万ドル程度の損失はあっという間に取り返せる。多額の奨学金を借りてＭＢＡを得ようと2年も大学院に通うよりはるかに割のいい投資だ。

投資額と同額のリターンを得た場合

大勢のエンジェル投資家は「プッシュされた」状態になる。これは大いに努力し、大いに学んだものの、投資の結果がイーブンだった場合だ。この場合は独自の人脈ネットワークを築くことができたのがリターンだ。ラスベガスに行って週末を過ごし、クラップやブラックジャックをさんざんプレイし、たらふく飲み食いしてきたような状態だ。長時間ギャンブルを続けたが懐は痛んでおらず、無料で豪華な休暇を過ごしたことになる。

エンジェル投資を続けてもいいし、ベンチャーキャピタルに加わってもいい。もっとも高い業績を上げた投資先スタートアップに加わり、取締役になってもよい。その会社が10億ドル企業になるのを助ければ会社持ち分の1、2パーセントと給与は十分な額になる。

これはエンジェル投資家やベンチャーキャピタリストによくあることで、新しい会社を探し続け、賭け続けるのに疲れ、自分も創業者側に立ってゲームに参加したいと思うようになる。パフォーマンス最高のスタートアップとエンジェル投資家として付き合って得た知識、経験は、創業者たちと交渉する場合に大きな強みとなる。創業者はエンジェル投資家がいち早く価値を認めて投資してくれたことに感謝し、エンジェル投資家を尊敬している。つまり非常に有利な立場で交渉を進めることができるはずだ。

リターンが投資額の2〜5倍となった場合

トータル100万ドルを投資するというシナリオであれば、200万ドルから500万ドルのリターンを得たというのがこの場合だ。当初の1000ドルないし2万5000ドルの投資に加えてパフォーマンスがトップの5社にさらに10万ドルずつ投じたとしよう。この5社を平均して4倍から10倍のリターンが得られたとする（あるいは1社が50倍の成長を遂げたかもしれない）。もちろん50倍のリターンというのはいつも起きることではない。しかしシリコンバレーでは4倍から10倍のリターンを得ることは普通にある（これがシリコンバレーのスタートアップに投資すべき大きな理由だ。シリコンバレーで投資すれば手札にいつもスペードのエースが入っている状態だと第6章で書いたのを覚えているだろうか？）。

こうしたリターンを得られるエンジェル投資家なら、ポートフォリオ中の優秀なスタートアップの取締役に就いたりベンチャーキャピタル会社に参加したりする資格があるだけでなく、人脈中の資産家に投資の成果を示して独自のエンジェル・ファンドを組成できる。自分のファンドを持てば将来の投資効果は何倍も大きくなる。ファンドを募る方法に関しては別の本が必要だ。私自身は１０００万ドルという小型のファンドを一回組成した経験があるだけなので本を書くには十分な資格がない。ともかく今のところはそうだ。

リターンが投資額の５〜１００倍以上となった場合

おめでとう！　ポートフォリオの1社が超新星となった場合、投資額の２００倍、３００倍、４００倍といったリターンが得られる。会社評価額４００万ドルのスタートアップに投資して、その会社が50億ドル、１００億ドルで上場ないし買収された場合、投資家の利益は２５００万ドルから1億ドルのレベルになる。

これは私が「くそくらえレベル」と呼んだ金額だ。自分が一生楽に暮らせるだけでない。財産を信託にすればスーパーリッチなエンジェル投資家の父（あるいは母）のお陰で子どもたちは何の苦労もなく大学を出られるだろう。もっとも、離婚する、プライベート・ジェットを飛ばす、豪華クルーザーを買うなど多大の出費を伴う活動を始めれば別だ。

30回打席に立っただけで特大のホームランを打てたことについて、人生の不思議さを噛みしめてもよい。もちろんエンジェル投資は宝くじとは違う。しかし多大の幸運がなければそういう結果は得られない。30件の投資を平均してみれば、投資額を失ったりやっと取り返したりしただけのほかの多くの人々の投資とさほど異なってはいないだろう。ホームランを除外すると、エンジェル投資家の得た成果は互いによく似ているはずだ。トップ3件の投資を別にすれば、エンジェル投資家の投資プロフィールは全員ほぼ同一だ。成果を決めるのはホームランなのだ。

飛び抜けた成果を収めたエンジェル投資家は業界の伝説的人物となり、一流のベンチャーキャピタルに参加することができるし、創業者や投資家が殺到するような独自のスタートアップ・インキュベーターを始めることもできる。みなこの人物には物語のミダス王のように触るものを黄金に変える能力があるに違いない思うわけだ。しかしここまで本書を読んできた読者はすでに知っていると思うが、そんな能力など存在するわけがない。

要約しよう。人生に偶然はつきものだ。しかし幸運は呼び込むこともできる。

幸運だと言われる人々はもっとも成功する見込みの高い人々の世界で運を試す。これは不可能でもないし、とんでもなく難しいことでもない。ただし努力が必要だ。では努力しようではないか!

信じていただきたい。懸命に努力すれば必ずその成果がある。

謝辞

著作権エージェントのジョン・ブロックマンに感謝する。なにくれとなく私を招いてくれ、執筆活動ばかりでなく職業上のキャリアや人生について辛抱強く相談に乗ってくれた。著作権エージェンシー、ブロックマン社のCEO、マックス・ブロックマンとそのチームは驚くほどプロ意識が高く協力的だった。チームに加われたのは私の誇りだ。

ブライアン・アルビーは丸19日にわたってこの本の書き方をコーチしてくれた。ブライアンは原稿を整理し、構成を検討し、私が本筋から外れているところでは単刀直入に指摘してくれた。なにより大切なのは、ブライアンはブルックリンのベイリッジからサンフランシスコ周辺のベイエリアまで、この30年来の親友だという点だ。この先30年も同様であってほしいと願っている。

優秀でラブリーで惜しみなく助力してくれた妻ジェイドにも感謝する。ジェイドは双子の娘たち、2頭のブルドッグ、7歳の娘、ロンドンの世話をしながら引っ越しを手伝い、私が「あと1ページ書き足さねば」といって我を忘れて没頭するのに耐えてくれた。

2人の兄弟、ジェイミー、ジョッシュと私はいつもかけがえのない身内として助け合ってきた。ママは献辞でこの本を捧げた相手のひとりだが、人間は全力で仕事をし、かつ謙虚であるべきことを（それに罵り言葉をむやみに使わないよう）教えてくれたのはママだったと繰り返しておきたい。

現在と過去のチームのメンバーと創業者たちにも特別の感謝を捧げる。タイラー・クロウリー、ロン・ハリス、ジェイソン・クルート、ブライス・ミラノ、アシュリー・ホワイトハースト、ルーク・ライトニング、ジェイソン・デマント、エミー賞受賞プロデューサー、ジャッキー・ディーガン、それにエリオット・クックほかのメンバーだ。

メンターと友達はここに数え上げるのが難しい。その中でも、ローロフ・ボタは私をエンジェル投資の道に進ませ、デビッド・サックスとナバル・ラビカントはファンドの組成を勧めてくれた。そしてかのフレッド・ウィルソンは私の最初の仕事、シリコン・アレー・リポーターに最初に広告を出してくれた。ビル・リーは私を応援するよう誰かれとなく言ってくれたし、チャマト・パリハピティヤはいつも良いアドバイスをくれた。デビッド・ゴールドバーグの賢明な助言は常に私を脇道から引き戻した。

創業者の中ではなんといっても私を親しい仲間に入れてくれたウーバーの共同創業者、トラビス・カラニックとギャレット・キャンプに感謝したい。2人のおかげで私は本来の自分よりはるかに優れた人物と思われるようになった。

「何であれ自分だけでできるわけではない」と言われる。私はまだ人生の半ばだが、もっとも大切な言葉としてこれを贈りたい。まったくの真実だ。

訳者あとがき

ジェイソン・カラカニスはエンジェル投資家として驚異的な実績を残している。最大のヒットは、ライドシェア（自動車配車システム）の最大手、ウーバーへの投資だ。20代から知人だったトラビス・カラニックがモバイル・アプリを利用した配車サービスを立ち上げていることを知り、いち早く投資を決める。当時のウーバーの企業価値が500万ドルしかなかった創業直後の時期だ。カラカニスは2万5000ドルを投資し、全株式の0・5パーセントを得た。2018年2月のウーバーの企業価値は720億ドルと報じられている。その0・5パーセントは3億6000万ドル、つまり日本円にして約400億円に相当する。

ウーバー投資が場外満塁ホームランとなり、カラカニスのポートフォリオは1000倍以上に増えた。この体験が本書の骨格をつくっているといってもよさそうだ。経緯と体験は本書のいたるところに散りばめられている。

もちろんエンジェル投資はベンチャー投資の中でもハイリスク、ハイリターンの世界だ。ただギャンブルではあっても、「きわめて勝率が高いギャンブルだ」というのがカラカニスの主張だ。自身も認めているとおり、エンジェル投資がいつもウーバーほどの大当たりをもたらすわけではない。しかしナンバーズくじでは7桁の数字を当てなければならないが、この本の方式によって投資するなら2つの数字を当てるだけでいいとカラカニスは言う。

エンジェル投資の知識は日本でも必要になってくる

ではエンジェル投資とはどういうものだろうか？　急成長が見込める新しい事業のアイデアがあったとする。しかし、すばらしいアイデアがあるのにその起業家には資金がない。そこに最初の資金を提供するベンチャー投資がエンジェル投資だ。そして本書では、そこで成功を収める方法を詳しく説明している。

本書では具体例を通じて有望なスタートアップを見極める方法、起業家が初期段階の投資を集める方法に加えて、エンジェル投資家がスタートアップ・エコシステムの中で占める役割についても解説されている。初期のスタートアップを集めて育成するインキュベーターや後期のスタートアップに大型投資をするベンチャーキャピタリストとの比較も参考になるだろう。

投資家の立場からはもちろん、起業家の立場からも、資金獲得の方法や、誰にアプローチすべきなのか、プレゼンはどうすべきかなどについてのノウハウが必要だ。現在日本では起業の資金の出し手が金融機関や企業内の財務関係者だった場合、有望なスタートアップの見極め方のノウハウが不足していることがあるかもしれない。資金の出し手も受け手も、エンジェル投資の知識が必要だろう。

本書の説明は32章に分かれており、それぞれ内容を要約するタイトルが付されている。章タイトルを見れば内容の見当がつく。章立てはおおむね「エンジェル投資のメリット、具体的な業務ノウハウ、注意すべき問題点、現金化」といった順序だ。ただし章は並列的なので、読者は興味がある部分から読み始めることができる。金融や投資に関する専門的事項はその場で説明されるので、予備知識はほとんど必要ないだろう。

しいていえば、本書の冒頭から登場する「スタートアップ」という用語には説明がない。これは「スケールする」、つまり短期間に急成長が見込めるようなベンチャー企業を意味している。分野はＩＴに限られないが事業の核心に新しいアイデアがなく、スケールする可能性が少ない場合、いくら新企業であってもスタートアップではない（「スケーリング」については第17章で詳しく説明されている）。

アウトサイダーが金持ちインサイダーと戦うための方法を教える

カラカニスは次に述べるように大学を卒業してすぐインターネット・ビジネスを紹介する雑誌を創刊し、自ら多数の記事を書いてきた。出身としてはジャーナリストであるため、早くから本を書くよう勧められていたが「まだ早い」と断っていたという。

それが本書を書くことを決めたのは、スタートアップ・エコシステムの発展のためにエンジェル投資が不可欠の要素であり、具体的な役割やノウハウを広く知ってもらう必要があると考えたからだという。日本では専門のエンジェル投資家はまだ少ないが、実はアメリカでもそれほど数は多くない。だからこそ、そこにビジネスチャンスがあるのだというのが、カラカニスの考えだ。

ただ、この本の魅力はそれだけではないと感じた。カラカニスは本書を書いた動機のひとつを「金持ちのインサイダーと戦うときのハンディキャップを少しでも減らす方法をアウトサイダーに伝授したかったからだ」と書いている。親譲りの財産もなくハーバードに行ったわけでもなく天才的プログラマーでもない若者がどうやって投資の世界で大成功を収めることができたのか、というのが本書を通じてのもうひとつのモチーフだ。

本書がユニークなのは実例がすべて著者自身が体験したこと、直接見聞きしたことだという点だろう。逆に体系的、理論的な分析には重点が置かれていない。著者は「そういうものを求めているならお門違いだ」という。この本を読んでいると知らず知らず自分もエンジェル投資家としてベンチャー起業の修羅場に出ているような気分になる。本書の迫力、説得力はジェイソン・カラカニスというベンチャー投資家として異色の人物の経歴と分かちがたいと思う。

私（滑川）がカラカニスと初めて会ったのはかなり以前で、テクノロジー・ニュースメディアのテッククランチが2007年に最初のカンファレンスを開催したときだった。カラカニスはカンファレンスの共同主催者で、多数のブログを一括してホスティングする事業のパイオニアとしてアメリカのインターネット・ビジネスを代表する著名人だった。さらにその後はウーバーのエンジェル投資家のひとりとなり大成功を収めたが、順風満帆でそこまで来たわけでないことは、今回本書を読んで詳しく知ることができた。この自伝的な部分もたいへん面白い。

アメリカのハイテク起業家、投資家には恵まれた上層中流家庭の出身者が多い。また大半がハーバードやスタンフォードなどの名門校に入学している。シアトルの富裕な弁護士の家に生まれハーバードをドロップアウトしてマイクロソフトを創業したビル・ゲイツが典型だろう。ラリー・ペイジ、サーゲイ・ブリンは2人とも父が大学教授でスタンフォードの大学院在学中にグーグルを創業した。フェイスブックの創業者、マーク・ザッカーバーグの父は歯科医でザッカーバーグ自身はハーバード中退だ。

ところがカラカニスは「ブルックリン生まれの無一物の少年」だった。父はギリシャ系でバーを経営し、母はアイルランド系で看護師だった。2人とも人生の大半を「金の苦労をして過ごした」という。本人がポッドキャストなどで語っているところによれば、父の店が破綻しカラカニスはウェイターやパソコン修理のアルバイトで学資を稼いだ。「大学に行くために地下鉄に乗るときポケットには2ドルしかない」のが普通だったという。

毒舌だがタフで面倒見のいい投資家

カラカニスと対照的なのが、若き天才プログラマーが会社を起こしてそのまま大富豪になったマーク・アンドリーセンだ。インターネットが、われわれが今見るような形になったのは1994年に大学在学中のアンドリーセンが世界初の商用ブラウザ、ネットスケープを開発したことに始まる。ウェブ・ブラウザは誰でも簡単にインターネットを閲覧したり記事を投稿したりできるようにした。アンドリーセンら（後に密接なパートナーとなるベン・ホロウィッツもすでに参加していた）はネットスケープ社を上場させる。こうしてアンドリーセンは若きインターネット富豪の第一号となった。

ところがマイクロソフトが自社開発のブラウザ、インターネット・エクスプローラーをウィンドウズに無料でバンドルしてきたため会社は一転して苦境に陥り、1998年に当時パソコン通信の最大手だったAOLに買収される。ちなみにアンドリーセンらはその後クラウド・コンピューティング事業のパイオニアとなって成功を収めたあと、ベンチャーキャピタリストに転じた。アンドリーセン・ホロウィッツは現在アメリカを代表するベンチャーキャピタルのひとつと見られている。

カラカニスはアンドリーセンより1歳年長だが、シリコンバレーから見ればアメリカの反対側に位置するブルックリンの苦学生だったためもあり、活躍し始めた時期はやや後になる。しかしブログの普及に関してはネットスケープの開発に劣らぬ大きな役割を果たした。

カラカニスは1990年代後期にニューヨークで『シリコンアレー・レポーター』という雑誌を創刊し、インターネット事業の第一歩を踏み出した。ドットコム・ブームに乗って雑誌は成功し2000万ドルで買い手が現れたが、売らなかった。ところが直後にドットコムバブルが破裂する。

これにより個人として破産同然の状態に陥っただけでなく、折からニューヨークは9・11の同時多発テロによる攻撃を受け、目の前でワールド・トレード・センターが崩壊して数千人が死ぬのを目撃した。カラカニスはショックで「自分はニセモノなのか？インターネットもニセモノだったのか？」と自問したという。本書には「会社を売るべきか否か」を検討する章があるが、実は非常に深刻な体験がその背後にあった。

しかしカラカニスは苦境から立ち直り、2003年には多数のブログを一括してホスティングし、グーグルのアドセンスなどの仕組みを利用してオンライン広告を掲載するビジネスを考案する。この会社名がウェブログズ・インクだったのも時代を感じさせる。ウェブに記事を発表するサイトはもともとウェブ・ログと呼ばれていた。「ブログ」はその短縮形だった。会社は大成功し、2005年にAOLに買収される。ウェブログズ・インクがホスティングしたブログにはエンガジェットなど現在も日本で親しまれているメディアも多い。ウェブログズ・インクの買収にともないAOLの幹部になったカラカニスが当時AOL傘下にあったネットスケープ事業部の責任者を務めたのも面白い回り合わせだ。

著者はウェブログズ・インク売却で得た資産をベースに有望なスタートアップ企業を発掘、支援するLAUNCHという会社を創立し、同時にエンジェル投資に力を入れることになる。そしてウーバーと運命的な出会いをするわけだが詳細は本文でお読みいただきたい。

シリコンバレーの成功者には堅実に正論を語る優等生も多いが、カラカニスはその反対だ。精力的で気が短く、毒舌家で喧嘩っ早いが友人は親身に世話をし、繊細で傷つきやすい内面もある。偽善的というよりむしろ偽悪的で「一部の人間は私が完璧なイカサマ野郎だという」とジョークを飛ばす。こうした多面的で複雑な性格はニューヨーカーの特徴かもしれない。

カラカニスは自分の失敗も率直に告白している。ブログビジネスでの成功体験が邪魔をしてツイッターの革命的な意義を認識できなかった。エバン・ウィリアムズ、ビズ・ストーンというツイッター創業者たちから投資を求められたのに断ってしまった。この痛い失敗で「自分にはどんなビジネスが成功しそうか予想する能力はない」と思い知ったのだという。カラカニスは投資を決める基準を変えた。スタートアップの内容に目を奪われず、創業者自身に着目せよ、というのが新しい基準だった。本書の表現によれば「人が重要なのではない。人がすべてなのだ」という。これは投資家だけでなく起業家にも当てはまりそうだ。

本書がきっかけで何人かのエンジェル投資家が生まれるならうれしいと著者は述べているが、訳者としてもまったく同様に感じた。ことに大企業が次々に不振を伝えられ、経済の見通しも厳しいものになっている現状を考えると、今の日本に必要なのは多数の力強いスタートアップであり、大胆にリスクを取ってそれを支えるエンジェル投資家ではないだろうか。

なお翻訳にあたっては冒頭から第13章まで、第31章、第32章を滑川が、第14章から第30章までを高橋が担当した。企画から編集まですべて日経ＢＰ社の中川ヒロミ部長のお世話になった。末尾ながら感謝いたします。

滑川　海彦

■ 訳者

滑川海彦（なめかわ・うみひこ）

千葉県生まれ。東京大学法学部卒業後、東京都庁勤務を経てIT分野の著述、翻訳業。ITニュースブログ「TechCrunch Japan」翻訳チーム。著書に『ソーシャル・ウェブ入門 Google, mixi, ブログ・・・新しいWeb世界の歩き方』（技術評論社）など。訳書に『フェイスブック若き天才の野望』『Yコンビネーター』『HARD THINGS』（いずれも共訳、日経BP社）など。

高橋信夫（たかはし・のぶお）

東京都生まれ。学習院大学理学部修士課程修了。富士通等勤務を経て翻訳、著述業。ITニュースブログ「TechCrunch Japan」翻訳チーム。訳書は『フェイスブック若き天才の野望』『Yコンビネーター』『HARD THINGS』（共訳、日経BP社）、『Mad Science』（オライリー・ジャパン）など。科学教材の開発も手がけオリジナル製品に『トンでも吸盤』がある。東京農業大学非常勤講師。

■著者

ジェイソン・カラカニス（Jason Calacanis）

ジェイソン・カラカニスは情報テクノロジー分野の起業家、エンジェル投資家であり、人気の週刊ビデオ番組、『ディス・ウィーク・イン・スタートアップス』のホスト。また起業家と投資家を橋渡しするテクノロジー系カンファレンスを数多く創立してきた。シリコンバレーの著名なベンチャーキャピタル、セコイア・キャピタルの「スカウト」メンバー。メディアにも頻繁に登場している。カリフォルニア州サンフランシスコ市在住。

■日本語版序文

孫泰蔵（そん・たいぞう）

日本の連続起業家、ベンチャー投資家。大学在学中から一貫してインターネットビジネスに従事。その後2009年に「2030年までにアジア版シリコンバレーのスタートアップ生態系をつくる」として、スタートアップのシードアクセラレーター MOVIDA JAPANを創業。そして2013年、単なる出資にとどまらない総合的なスタートアップ支援に加え、未来に直面する世界の大きな課題を解決するためMistletoeを設立。その課題解決に寄与するスタートアップを育てることをミッションとしている。

エンジェル投資家

リスクを大胆に取り巨額のリターンを得る人は何を見抜くのか

2018年7月16日　第1版第1刷発行
2018年9月28日　第1版第4刷発行

著　者　ジェイソン・カラカニス
訳　者　滑川 海彦、高橋 信夫
日本語版序文　孫 泰蔵
発行者　村上 広樹
発　行　日経BP社
発　売　日経BPマーケティング
〒105-8308　東京都港区虎ノ門4-3-12
ブックデザイン　小口翔平＋岩永香穂（tobufune）
編　集　中川 ヒロミ
制　作　アーティザンカンパニー株式会社
印刷・製本　図書印刷株式会社

ISBN978-4-8222-5572-5　2018 Printed in Japan